.... **님께**

오늘 당신께서 보낸 하루가 의미 없이 지나가는 게 아니라
차곡차곡 쌓여 멋지고 행복한 나날이 되었으면 좋겠습니다.
당신의 하루하루가 기쁨과 사랑으로 가득 차길 바라겠습니다.
늘 당신의 오늘을 응원하겠습니다.

.... **드림**

오늘은 당신의 남은 **인생**의 **첫 날**이다

오늘은 당신의 남은 인생의 첫 날이다

은지성 지음

황소북스

......

이 책에 등장하는 여러 사람들이 들려주는
인생에서 얻은 교훈과 메시지들은
읽는 이의 생각과 메마른 가슴을 촉촉이 적셔줄 것이다.
또한 잠시 잊고 있었던 하루의 의미와 가치를
생각해볼 수 있는 귀한 시간이 될 것이다.

 작가의 글

내일이란
오늘의 또 다른 이름이다

"네가 헛되이 보낸 오늘은 어제 죽은 이가 그토록 갈망하던 내일이다."

지금은 흔한 명언이 되었지만 언제 들어도 마음이 숙연해지는 말이다. 처음 유럽 여행을 떠났을 때 가장 신기했던 것 중 하나가 동네 곳곳에 있는 묘지였다. 길을 걷다 공원인 줄 알고 들어가면 어김없이 공동묘지가 나타났다. 사람들은 아무런 거리낌 없이 공동묘지 안에서 조깅을 하거나 자전거를 탔다. 음악을 들으며 책을 읽는 사람도 있고 데이트를 즐기는 연인도 있었다. 도시 외곽이나 깊은 산속에 묘지가 있는 우리나라와는 전혀 달랐다. 그냥 동네 어귀에도 있고 버스

정류장 옆에도 묘지가 있었다.

  그건 일본도 마찬가지다. 도쿄 시내를 무심코 걷다 보면 크고 작은 묘지들을 자주 만난다. 처음에는 무섭고 거부감이 들었지만 왠지 모르게 자꾸 발걸음이 옮겨진다. 특히 닛포리에 있는 야나카 공동묘지(谷中 靈園)는 일본에 갈 때마다 꼭 들르는 장소다. 수백 년이 넘은 벚꽃나무를 비롯해 다양한 나무가 세월을 뽐내며 숲을 이루는 곳. 그곳에 발을 디디는 순간 이승과 저승의 경계가 모호해지는 경험을 여러 번 했다.

  산 자와 죽은 자가 같은 공간에 있는 문화 덕분에 유럽이나 일본에 갈 때마다 죽음과 삶에 대해 더 많이 생각하게 된다. 비석에 새겨진 생몰 연도와 묘비명을 보며 숙연해지기도 하고 오늘보다 더 치열하고 열심히 살아야겠다는 다짐도 하게 된다. 그래서 가끔 우리나라도 공동묘지를 도시 외곽이나 산속에 두지 말고 도심 안에 두면 어떨까 생각하곤 한다. 각종 클럽이 모여 매일 밤 불야성을 이루는 젊음의 거리 홍대, 유동 인구가 가장 많은 놀이터 옆에 공동묘지가 있는 상상을 하는 것이다. 개인적으로는 납골당이 도심 곳곳에 공원처럼 들어왔으면 좋겠다.

  삶에 대한 의욕이 떨어지고 동기 부여가 되지 않으면 새벽 시장에 가 보라고 했던가. 나는 공동묘지나 납골당에 가 보라고 권하고 싶다. 죽은 이들이 잠들어 있는 곳에서 자신의 삶을 돌아보는 시간을 갖는 게 더 리얼하고 효과적이기 때문이다. 죽음은 역설적이게도 삶을 생각하게 한다.

전작《직관》과《생각대로 살지 않으면 사는 대로 생각하게 된다》로 분에 겨운 사랑을 받았다. 자기계발서의 모양새를 하고 있지만 인생론에 가까운 에세이 같다는 의견이 많았다. 수많은 강의 요청과 이메일에 일일이 응하지 못해 송구스럽기도 했다.

　이번 책 역시 인생론에 가까운 에세이풍이다. 이 책에 등장하는 사람들의 이야기를 쉽고 감동적으로 그리려 노력했다. 내가 하고 싶은 이야기에 부합하는 인물을 선정하고 자료를 수집하는 데만 꼬박 1년이 걸렸다. 기구한 인생도 있고, 가슴 절절한 인생도 있고, 성자처럼 살고 있는 인생도 있었다. 그들의 삶을 따라가다 혼자서 많은 눈물을 흘리고 반성을 하기도 했다. 애써 교훈을 강요하기보다는 등장인물의 일화와 목소리를 좀 더 입체적으로 전달하기 위해 노력했다.

　스티브 잡스는 하루하루를 인생의 마지막 날이라고 생각하며 살았다. 매일 아침 거울을 보고 '만일 오늘이 생의 마지막 날이라면 오늘 하려던 일을 할 것인가'라는 질문을 스스로에게 던졌다. 만약 마음속의 내가 '노(no)'라고 하면 하려고 했던 그 일을 하지 않고 다른 일을 했다. 미국인이 가장 좋아하는 100달러 지폐의 모델인 벤저민 프랭클린은 시간에 엄격한 인물이었다. 그는 후세에게 이런 말을 남겼다.

　"그대는 인생을 사랑하는가? 그렇다면 시간을 낭비하지 말라. 왜냐하면 시간은 인생을 구성하는 재료니까. 똑같이 출발했는데, 세월이 지난 뒤에 보면 어떤 사람은 뛰어나고 어떤 사람은 낙오자가 되어 있다. 이 두 사람의 거리는 좀처럼 좁힐 수 없는 것이 되어버렸다. 이것은 하루하루 주어진 시간을 잘 이용했느냐 이용하지 않고 허송세월을 보냈느냐에 달려 있다."

시간에 관해 이야기할 때 빠지면 섭섭해할 인물 중 한 명이 나폴레옹이다. 전쟁 중에도 항상 독서를 게을리하지 않았던 그는 프랑스 역사상 가장 많은 영토를 손에 쥐었다. 그런 그가 '영토를 잃을지언정 결코 시간을 잃지 않을 것'이라고 말한 것은 유명하다. 그는 이런 말도 남겼다.

"가라. 달려라. 그리고 세계가 6일 동안에 만들어졌음을 잊지 말라. 그대는 그대가 원하는 것은 무엇이든지 나에게 청구할 수 있지만 시간만은 안 된다."

60초가 모여 1분이 되고, 60분이 모여 1시간이 된다. 1시간이 24번 모이면 하루가 된다. 사람이 60년에서 100년을 산다고 가정했을 때 2만 2천일에서 3만 6000일쯤 살 수 있는 것이다. 통계에 따르면 10퍼센트 정도의 사람은 2만 2000일을 미처 채우지 못하고 죽으며, 극소수만 4만 일을 채운다고 한다. 인간의 평균 수명은 2만 2000일에서 3만 일정도다. 누군가가 3만 일을 살았다는 것은 그의 나이가 82세라는 얘기다.

가끔 나는 스마트폰으로 'D-Day'라는 어플리케이션을 본다. 거기에는 나와 우리 가족의 출생일이 기록되어 있다. 이 어플리케이션의 '지난 날' 메뉴를 클릭하면 그동안 살아온 일수가 자동적으로 표시된다. 참고로 우리 어머니는 며칠 전 2만 5000일을 기록했다.

미국 시인 칼 샌드버그의 말처럼 시간은 인생의 동전과도 같다. 아끼지 않으면 언제 어디에 썼는지 알 수 없다. 남들에게 잘못 빌려주면 빈털터리가 되기도 한다. 그 시간들이 모여 하루가 되고 오늘이 된다.

시간과 하루를 목숨처럼 중요하게 여기는 사람들에겐 공통점이 있다. 그건 오늘이 두 번 다시 오지 않는다는 사실을 잘 알고 있다는 것이다. 오늘 할 일을 내일로 미루지 않고 내일에 의지하지도 않는다. 그저 하루하루에 충실할 뿐이다. 하루는 휙 하고 지나가는 것이 아니라 차곡차곡 쌓인다는 것을 그들은 잘 알고 있다. 삶과 죽음을 분리하지 않고 함께 공존시킨다. 그래서 그들의 삶은 치열하다. 이 책에 잠깐 등장하는 헬렌 켈러도 마찬가지다.

내일이면 귀가 안 들리는 사람처럼
새들의 지저귐을 들어보라.
내일이면 냄새를 맡을 수 없는 사람처럼
꽃향기를 맡아보라.
내일이면 더 이상 볼 수 없는 사람처럼
세상을 보라.

오늘을 남은 인생의 마지막 날처럼 살아라.
가혹하고 무서운 말이다. 이 제목을 염두에 두고 책을 쓰기 시작했다. 하지만 너무 어둡고 부정적이었다. 그때 예전에 봤던 영화 한 편이 생각났다. 케빈 스페이시와 애넷 베닝이 주연으로 나온 〈아메리칸 뷰티〉. 제53회 영국 아카데미 시상식에서 6개 부문의 상을 수상한 이 영화에 "오늘은 당신의 남은 인생의 첫날이다(Today is the first day of the rest of your life)"라는 대사가 나온다. 이 책의 제목이 탄생하는 순간이었다. '오늘은 당신의 남은 인생의 첫날이다'는 희망적이다. 내가 이 책을 통해 진정으로 하고 싶은 말이기도 하다.

중학교 때 담임 선생님이 해준 이야기가 아직도 기억에 남는다.

"치킨을 먹을 때 맛있는 부분부터 먹는 게 좋을까 맛없는 부분부터 먹는 게 좋을까?"

아이들의 의견이 정확하게 반으로 갈렸다. 그때 나는 맛없는 부분부터 먹어야 한다는 쪽에 손을 들었다. 맛없는 부분을 빨리 먹어 치우고 맨 마지막에 맛있는 부분으로 대미를 장식하는 게 좋았기 때문이다. 하지만 선생님의 의견은 달랐다.

"맛있는 부분부터 먹는 게 좋아. 가장 맛있는 부분부터 먹는 거야. 그다음에는 두번째로 맛있는 부분, 그다음에 세 번째로 맛있는 부분. 이런 식으로 치킨을 먹는 거지. 그러면 결국에는 다 맛있는 부분을 먹게 되는 거야. 하지만 맛없는 부분부터 먹기 시작하면 다 맛없는 부분을 먹게 되지."

그날부터 나는 치킨을 먹을 때 가장 맛있고 내가 가장 좋아하는 다리부터 먹기 시작했다.

이 책의 제목도 마찬가지다. 오늘을 남은 인생의 마지막 날이라고 생각하면 그다음날도 마지막 날처럼 살아야 하고 계속해서 마지막 날처럼 살아야 한다. 하지만 오늘을 남은 인생의 첫날이라고 생각한다면 매일매일 첫날을 사는 기분을 누릴 수 있을 것이다.

물론 마지막 날이라고 생각하며 사는 게 나쁜 것은 아니다. 이 책에도 그 점을 강조한 이야기들이 많다. 하지만 좀 더 긍정적이고 기분 좋게 살려면 맛있는 치킨처럼 긍정적인 생각의 전환이 필요하다. 그래서 나는 이 책을 읽는 분들에게 이런 이야기를 해주고 싶다.

"힘들고 외로우면 눈치 보지 말고 맘껏 우세요. 괜찮아요. 당신만 그러는 게 아니니깐. 우리에겐 오늘이 있잖아요. 오늘은 당신의 남은 인생의 첫날이에요."

이 책에 등장하는 여러 사람들이 들려주는 인생에서 얻은 교훈과 메시지들은 읽는 이의 생각과 메마른 가슴을 촉촉이 적셔줄 것이다. 또한 잠시 잊고 있었던 하루의 의미와 가치를 생각해볼 수 있는 귀한 시간이 될 것이다.

2015년 여름의 문턱에서
은지성

오늘이 삶의 마지막 순간이라고 생각하세요.
그러면 항상 최선을 다하는 삶을 살 수 있습니다.

김수환 추기경

| 목차 |

작가의 글 내일이란 오늘의 또 다른 이름이다

봄,
거둔 게 아니라 뿌린 것으로 하루를 판단하라

사형수에서 세계적인 대문호가 된 도스토옙스키
　인생은 5분의 연속이다 ············ **21**
60초 메시지: 때론 삶에도 재정비가 필요하다

20년 동안 사막에 나무를 심은 여자 인위쩐
　삶의 환경은 주어지는 게 아니라 만들어가는 것이다 ··· **29**
60초 메시지: 사막을 건너는 6가지 방법

평생을 종지기로 살다 간 동화 작가 권정생
　눈물이 없다면 이 세상을 살아갈 가치가 없다·········· **37**
60초 메시지: 어떻게 사는가는 스스로 결정하는 것이다

역대 최연소 노벨평화상 수상자 말랄라 유사프자이
　한 자루의 펜이 세상을 바꿀 수 있다 ············ **47**
60초 메시지: 용기란 죽을 만큼 두려워도 일단 해보는 것이다

해고 직원에서 세계적인 애니메이터가 된 존 라세터
　눈물 뒤에는 반드시 웃음이 기다린다 ············ **57**
존 라세터를 만나지 않았다면 아이폰도 없었다

Story in Story 세상에서 가장 아름다운 판결

여름,
하루는 지나가는 것이 아니라 쌓이는 것이다

죄수에서 미국 최고의 요리사가 된 제프 헨더슨
　다른 사람에게서 내 미래상을 찾을 순 없다 ………… **73**
60초 메시지: 공짜로 얻을 수 있는 꿈은 없다

세계 최대의 쓰레기 매립지를 예술로 승화한 빅 무니즈
　꿈 있는 삶이 모든 걸 가진 삶보다 아름답다 ……… **83**
60초 메시지: 기적을 바라긴 하되 기적에 의존하지는 말라

노숙자에서 하버드 장학생이 된 카디자 윌리엄스
　가난이 죄가 아니라 꿈이 없는 게 문제다 ……… **97**
60초 메시지: 드라마 〈베토벤 바이러스〉에서 나왔던 명대사

세계를 감동시킨 발가락 피아니스트 류웨이
　인생은 '죽거나 혹은 멋지게 살 거냐'의 선택이다 …… **105**
60초 메시지: 무지개가 뜨려면 비와 햇살이 있어야 한다

세계에서 가장 가난한 대통령 호세 무히카
　인생은 짧고 생명보다 더 귀중한 것은 없다 ……… **117**
60초 메시지: 가장 고약한 감옥은 닫힌 마음이다

Story in Story 두 번째 결혼식

가을,
사랑한다고 말할 시간은 길지 않다

독일을 울음바다로 만든 피에로 엄마 바버라 에버하르트
사랑한다고 말할 시간은 길지 않다………… **129**
60초 메시지: 슬픔을 극복하는 유일한 방법은 행동하는 것이다

두 장애아를 위해 책을 발표한 장 루이 푸르니에
웃어라! 온 세상이 함께 웃게 될 것이다………… **141**
60초 메시지: 훌륭히 죽기를 원한다면 훌륭히 살기를 배워라

헬렌 켈러를 세계적인 인물로 키운 앤 설리번
시작하고 실패하는 것을 멈추지 않는 삶을 살아라… **151**
60초 메시지: 아무리 긴 터널이라도 끝이 있기 마련이다

평범한 가장에서 꿈의 동물원을 만든 벤저민 미
때론 미친 척하고 딱 20초만 용기를 내봐………… **159**
60초 메시지: 모험을 망설이는 당신에게 잡스가 보내는 메시지

무일푼에서 세계 헤비급 챔피언이 된 제임스 브래독
기회를 얻은 것에 감사하며 하루에 충실하라 ……… **169**
60초 메시지: 가난에서 벗어나는 길은 두 가지다

Story in Story 피에로의 눈물

겨울,
하루하루를 인생의 마지막 날이라고 생각하라

시한부 인생을 살며 하루하루에 충실했던 랜디 포시 교수
🕰 **시간은 당신이 가진 전부다** ………… **183**
60초 메시지: 시간 관리 10계명

400명의 아이를 돌보고 있는 처녀 엄마 케이티 데이비스
🧑‍🦯 **진짜 인생에 눈뜨면 이전으로 돌아갈 수 없다** …… **191**
60초 메시지: 사랑하는 것은 사랑받는 것보다 행복하나니라

가난한 인쇄공에서 100달러의 주인공이 된 벤저민 프랭클린
☕ **오늘 할 수 있는 일을 내일로 미루지 말라** ………… **203**
60초 메시지: 벤저민 프랭클린의 13가지 덕목

영화 〈아이언맨〉의 실제 모델 엘런 머스크
⚗️ **실패는 하나의 옵션이다** ………… **213**
60초 메시지: 글은 새로운 상상력을 만드는 원동력이다

가난한 청년에서 스누피를 탄생시킨 찰스 슐츠
🐾 **내일은 분명 더 좋은 하루가 될 것이다** ……… **221**
60초 메시지: 내일은 내일의 새로운 태양이 뜬다

Story in Story 눈물이 나도록 살아라

봄,
거둔 게 아니라 뿌린 것으로
하루를 판단하라

Today is the first day of the rest of your life

지금부터 20년 후에 당신은
자신이 한 일보다 하지 않았던 일로 인해서
실망하게 되는 일이 더 많을 것이다.
그러므로 돛을 올리고 안전한 항구를 떠나
항해를 시작하라. 무역풍을 타라.
모험을 감행하라.

마크 트웨인(Mark Twain)

......

나에게 마지막 5분이 주어진다면
2분은 동지들과 작별하는 데 쓰고
2분은 삶을 돌아보는 데 쓸 것이다.
마지막 1분은 세상을 바라보는 데 쓰고 싶다.
이 세상에서 숨을 쉴 수 있는 시간은 단 5분뿐이다.

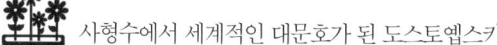 사형수에서 세계적인 대문호가 된 도스토옙스키

인생은
5분의 연속이다

    1849년 12월 22일, 러시아 세묘노프스키 광장. 영하 50도가 넘는 모진 추위 속으로 20여 명의 사형수들이 끌려나왔다. 그중에는 28세의 앳된 청년도 있었다. 반체제 혐의로 사형 선고를 받은 청년은 죽음의 공포 앞에서 부들부들 몸을 떨었다. 광장에는 이미 단두대와 말뚝이 박혀 있고 손에 총을 든 병사들이 정렬해 있었다.

    '내 인생이 여기서 이렇게 끝나는구나.'

    서른도 되지 않은 청년의 머릿속에 과거의 일들이 주마등처럼 스쳐 지나갔다. 1821년 자선 병원 의사의 둘째 아들로 태어난 청년의 젊은 날은 실패의 연속이었다. 폭군이었던 아버지에게는 제대로 된 사랑을 받지 못했고 영혼의 안식처가 되어준 어머니는 16세 때 세상을 떠났다.

그 후 대도시의 밑바닥 생활을 전전하며 공병사관학교에 입학한 그는 육군 중위로 제대했다. 그의 꿈은 소설가였다. 멋진 소설을 써서 러시아에서 제일가는 소설가가 되는 게 청년의 꿈이자 희망이었다. 하지만 당시 러시아는 니콜라이 1세 황제가 폭압 정치를 벌이고 있을 때였다.

지독한 보수주의자로서 폴란드와 헝가리의 혁명을 진압하고 오스트리아와 연합해 동유럽에 반혁명군을 파견하기도 했던 니콜라이 1세는 물 컵 관병식(觀兵式)으로도 유명했다. 물이 가득 찬 컵을 모자 위에 얹고 걷게 하되 한 방울이라도 흘리면 무조건 1년씩 병역 의무를 더 부과했던 것이다. 청년은 이런 황제의 폭압에 항거하기로 다짐했다. 정치적, 사회적 개혁 운동에 적극적으로 가담한 청년은 결국 '페트라솁스키 사건'에 연루되어 사형 선고를 받은 터였다.

사형 집행관이 큰 소리로 외쳤다.

"위대한 황제의 명에 의해 오늘 너희들을 사형에 처한다. 마지막으로 5분의 시간을 주겠다. 내가 너희들에게 베푸는 마지막 호의다. 5분 동안 세상과 작별 인사를 하도록 해라."

청년은 절망했다.

'아, 이제 내 인생이 5분 후면 끝이구나. 남은 5분 동안 나는 무엇을 할 수 있을까?'

청년은 먼저 가족과 친구들을 위해 기도했다.

'사랑하는 나의 가족과 친구들이여. 부디 먼저 떠나는 나를 용서해주오. 나 때문에 너무 많은 눈물을 흘리지 마시오. 너무 슬퍼하지도 마시오. 내가 그대들에게 잘못한 것이 있다면 부디 용서해주기 바라오.'

사형 집행관이 2분이 지났음을 알렸다.

'후회할 시간도 부족하구나. 난 왜 그리 헛된 시간 속에서 살았을까. 지난 28년 동안 나는 시간을 아껴 쓰지 못했다. 아, 조금의 시간이라도 주어진다면 더 열심히 살 수 있을 텐데….'

마침내 사형 집행관이 소리쳤다.

"자, 이제 마지막 1분이 남았다."

청년은 두려움에 떨며 주위를 둘러봤다.

'매서운 칼바람도 이젠 느낄 수 없겠구나. 내 발을 타고 올라오는 이 한기도 이제는 끝이구나. 저 아름다운 자연과 대지도 더 이상 눈으로 볼 수 없고 손으로 만질 수도 없겠구나. 모든 것이 아쉽고 아쉽구나.'

청년은 처음으로 삶의 소중함에 눈물을 흘렸다. 그동안 하찮게 여겼던 것들이 가슴속으로 파고들었다.

'여기서 살아 돌아갈 수만 있다면… 그렇게 될 수만 있다면 결코 시간을 헛되이 보내지 않으려만.'

청년의 간절한 바람은 사형 집행관의 목소리에 무참히 깨졌다.

"자, 5분이 모두 지났다. 이제부터 황제의 명에 의해 사형 집행을 시작한다. 모두 거총!"

사형 집행관의 명령에 따라 군인들이 총을 장전하고 사형수들을 겨누었다. 이제 '발포'라는 명령이 떨어지면 청년은 더 이상 이승의 사람이 아닐 터였다.

'이렇게 허무하게 죽는 것은 싫다. 조금이라도 더… 살고 싶다. 진정으로 나는 살고 싶다.'

그때 기적이 일어났다.

"멈추시오. 형 집행을 멈추시오!"

한 병사가 사형장으로 달려왔다. 사형 집행관이 놀라 물었다.

"무슨 일인가?"

"황제의 명입니다. 이자들을 사형에 처하지 말고 유배를 보내라는 전갈입니다."

황제의 명으로 청년은 가까스로 목숨을 건졌다. 죽음의 문턱에서 극적으로 돌아온 것이다. 그날 밤 청년은 형에게 편지를 썼다.

"형, 나는 기운을 잃지도 정신을 잃지도 않았어. 어느 곳에서의 삶이든 그것 역시 삶이고, 삶은 우리들 자신 속에 있는 것이지 결코 외부에 있는 게 아니라는 걸 깨달았어. 어떤 재난이 몰아닥친다 해도 의기소침하지 않고 흔들리지 않는 것이야말로 인생이고 거기에 인생의 과제가 있는 게 아닐까? 나는 이 점을 깨달았어. 지난 일을 돌이켜보고 실수와 게으름으로 허송세월했던 날을 생각하니 심장이 피를 흘리는 듯하더군. 인생은 신의 선물. 모든 순간은 영원의 행복일 수도 있다는 것을 조금 젊었을 때 알았더라면 얼마나 좋았을까. 하지만 이제라도 늦지 않았어. 오늘부터 내 인생은 바뀔 거야. 다시 태어날 거야."

 죽음의 통로를 빠져나온 임사 체험자들처럼 청년 또한 사형 체험을 통해 강렬한 삶의 의지를 확인했다.

 이후 시베리아에서 보낸 4년의 유배 생활은 청년의 인생에서 가장 값진 시간이 되었다. 혹한과 굶주림과 핍박에 시달리면서 그는 평소의 꿈이었던 소설 쓰기에 매진했다. 하지만 수용소에서는 죄수들에게 펜과 종이가 주어지지 않았다. 결국 그는 머릿속으로 소설을 집필했다. 캐릭터를 만들고 이야기를 첨가하고 심지어 그 모든 것을 외우기까지 했다.

 사형 직전에 풀려난 청년은 긴 유배 생활을 거쳐 1859년 자유의 몸이 되어 모스크바로 돌아왔다. 청년은 사형대에서 느꼈던 '시간의 소중함'을 평생 잊을 수 없었다.

 '인생은 5분의 연속이다. 결코 시간을 낭비하지 말자.'

 청년은 책상 앞에 위의 문구를 적어두고 미친 듯이 소설을 쓰기 시작했다. 그 결과 철저한 시간 관리와 불타는 정열로 《죄와 벌》, 《카라마조프의 형제들》, 《악령》 등 수많은 명작을 발표해 톨스토이에 비견되는 세계적 문호로 성공했다.

 그 청년의 이름은 도스토옙스키(Fyodor Mikhailovich Dostoevskii). 1881년 1월 28일 60세의 나이로 사망하기 전까지 그는 여생을 소설 쓰기에 쏟았다.

 사형 집행 5분의 깨달음은 그에게 많은 영향을 끼쳤다. 특히 장편소설 《백치》에서 그때의 경험을 주인공의 입을 통해 이렇게 적었다.

"나에게 마지막 5분이 주어진다면 2분은 동지들과 작별하는 데 쓰고, 2분은 삶을 돌아보는 데 쓸 것이다. 그리고 마지막 1분은 세상을 바라보는 데 쓰고 싶다. 언제나 이 세상에서 숨을 쉴 수 있는 시간은 단 5분뿐이다."

하루하루를 어떻게 보내느냐에 따라 그 사람의 인생이 달라진다. 오늘이라는 시간은 결코 다시 오지 않는다는 것을 기억하라.

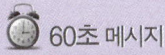 **60초 메시지**

때론 삶에도 재정비가 필요하다

아이스하키에는 타임 페널티라는 게 있다. 반칙을 저지른 선수를 일정한 시간 동안 경기에서 빼는 것을 말한다. 반칙의 경중에 따라 2분, 5분, 10분, 15분으로 차등 적용된다. 가끔 우리의 하루에도 이 규칙을 적용해보는 것은 어떨까. 무슨 잘못을 했을 때 스스로에게 타임 페널티를 주는 것이다. 단 5분 만이라도 스스로에게 부여한 타임 페널티를 통해 반성과 참회의 시간을 갖는다면 좀 더 의미 있는 하루가 될 것이다.

때론 삶에도 재정비가 필요하다. 쓰레기 분류함처럼 생각을 정리하고 정비해야 한다. 버려야 할 것이 있다면 과감히 버리고, 취해야 할 것이 있다면 과감히 취할 수 있는 결단과 용기가 필요하다.

"당신이 거둔 것으로 하루를 판단하지 말고
당신이 뿌린 것으로 판단하라."
로버트 루이 스티븐슨(Robert Loui Stevenson)

....

우리 부부는 하루도 쉬지 않고 일했어요.
쉴 수가 없었죠. 우리의 땀과 눈물이 만들어낼 기적을
굳게 믿었어요. 그것은 꿈도 희망도 없는 사막을
생명이 숨 쉬는 숲으로 만드는 것이었지요.
우리의 아이들이 마음껏 뛰놀고 마실 수 있는
그런 기적 말이에요.

20년 동안 사막에 나무를 심은 여자 인위쩐

삶의 환경은 주어지는 게 아니라 만들어가는 것이다

중국 4대 사막 중 하나인 마오우쑤. 곱게 차려입은 신부를 태운 마차가 움막 앞에 섰다. 사막의 매서운 모래바람을 견디기에는 약하디약해 보이는 진흙집. 조심스럽게 신부를 내리게 한 아버지가 말했다.

"인위쩐, 지금부터 내 말을 잘 들거라. 너는 오늘부터 이곳에서 살아야 한다."

인위쩐이 두려운 목소리로 말했다.

"아버지, 다시 집으로 돌아가면 안 되나요? 이곳은 너무 황량하고 무서워요."

"오늘부터 넌 우리 집 사람이 아니다. 죽어도 이곳에서 묻혀야 돼.

잔말 말거라. 이미 집안끼리 모두 끝난 이야기니깐."

 말을 마친 아버지는 마차를 끌고 왔던 길로 뒤돌아갔다. 인위쩐은 멀어져가는 아버지와 마차를 원망스러운 눈길로 쳐다봤다. 이제 고작 스무 살밖에 되지 않은 어린 신부는 그 자리에 서서 한없이 눈물을 흘렸다.

 다행히 남편인 바이완샹은 천성이 순한 사람이었다. 커다란 눈망울은 소를 닮아 착해 보였다. 하지만 느긋하다 못해 게을러 누런 모래 언덕에 포위된 채 넋을 놓고 앉아 자신의 처지만 비관했다. 무엇보다 인위쩐을 절망하게 만든 것은 움막의 풍경이었다. 천장은 금방이라도 주저앉을 것 같았고 벽은 숨만 크게 내쉬어도 흙이 우르르 떨어질 정도였다.

 "우물이 어디 있나요? 밥을 하려면 물이 있어야 하는데?"

 인위쩐은 바닥이 다 드러난 곡식 항아리를 매만지며 물었다.

 "이곳에는 우물이 없소. 물을 구하려면 징베이탕 시내까지 나가야 하오."

 "징베이탕이 어디에 있는데요?"

 "여기서 한참을 가야 하오. 오늘은 너무 늦어서 지금 가면 밤이 될 거요."

 인위쩐은 집 밖으로 나가 주위를 둘러보았다. 움막을 빼고는 황량한 사막뿐이었다. 우물도, 새도, 풀도, 사람의 발자국도 없는 죽음의 땅. 순간 집으로 돌아가고 싶은 마음이 굴뚝같았다.

 '길을 잃고 사막에서 죽더라도 집에 가는 거야. 이곳에서는 단 하루

도 살 수 없어. 여긴 지옥이야.'

하지만 바이완샹의 순한 눈망울이 그녀의 발목을 잡았다. 다시는 집에 돌아올 생각하지 말고 죽더라도 여기에서 죽으라는 아버지의 말도 떠올랐다. 인위쩐은 다시 움막으로 들어갔다. 그리고 남편을 향해 말했다.

"오늘부터 우리는 부부예요. 우린 이곳에서 평생을 살아야 할지도 몰라요. 하지만 이곳은 사람 살 곳이 못 돼요. 우린 여기를 떠나든가 아니면 사람이 살 만한 곳으로 만들어야 해요."

남편이 대답했다.

"이곳을 떠날 수는 없소. 우린 돈도 없고 집이라고 해봐야 이곳뿐이오. 근데 어떻게 이곳을 사람이 살 만한 곳으로 만든다는 거요?"

인위쩐이 대답했다.

"방법은 저도 아직 몰라요. 하지만 분명 어딘가에 해답이 있을 거예요. 내일부터 저는 그걸 찾을 거고요."

며칠 후 인위쩐이 남편에게 말했다.

"이곳에서 살 수 없는 가장 큰 이유는 매일 밤낮으로 공격하는 저 모래바람 때문이에요. 저놈 때문에 우린 아무것도 할 수 없다고요. 낮에도 촛불을 켜야 할 정도로 시야도 나쁘고요."

"그거야 내가 당신보다 더 잘 알지. 태어날 때부터 쭉 이곳에 살았으니까."

"그래서 결심했어요. 이곳을 생명이 숨 쉬는 숲으로 만들기로. 전 내일부터 이곳에 나무를 심을 거예요. 당신도 절 도와주셔야 해요."

바이완샹은 아내의 말에 넋을 잃었다. 혹시 아내가 미친 것이 아닐까 생각했다.

'풀 한 포기 자라지 않는 사막에 나무를 심겠다니, 원.'

인위쩐이 웃으면서 말했다.

"당신이 무슨 생각하고 있는지 알아요. 하지만 두고 보세요. 전 10년 안에 저 앞에 보이는 모래언덕을 숲으로 만들 거예요."

다음 날부터 인위쩐은 자신의 생각을 행동에 옮기기 시작했다. 친척들이 결혼 선물로 준 양 한 마리를 팔아 묘목 600그루를 사가지고 왔다. 그리고 물을 길러와 나무를 심기 시작했다. 처음에는 미친 짓이라고 생각했던 남편도 그녀를 돕기 시작했다. 몇 개월이 지나자 기적 같은 일이 일어났다. 정성껏 가꾼 묘목들이 사막에 서서히 뿌리를 내리기 시작한 것이다.

"보세요. 여기 나뭇잎이 나왔어요."

신이 난 인위쩐은 매일 새벽 3시에 일어나 무려 19킬로미터 떨어진 곳까지 당나귀를 타고 가 묘목과 물을 길러왔다. 인위쩐의 지극정성에 감동한 친척들과 시내 사람들이 그녀의 일을 돕기 시작했다.

"동네에서 움막으로 가는 길이 너무 울퉁불퉁해요. 숲을 만들려면 길이 좋아야 해요. 함께 도와주세요."

인위쩐의 말에 사람들은 길을 내기 시작했다. 그리고 길 양옆으로 가로수를 심었다. 나무가 한 그루씩 뿌리를 내릴 때마다 인위쩐과 사람들의 얼굴에 미소가 번졌다. 그렇게 1년, 2년, 3년이 지나고 인위쩐의 몸속에서도 새로운 생명이 자랐다. 하지만 묘목을 등에 업고 걷다 언덕 아래로 굴러 9개월 된 배 속의 아이를 잃는 아픔을 겪어야 했다. 그날 아이는 황량한 모래언덕에 묻혔고, 두 부부는 피 묻은 모래를 움켜쥔 채 울고 또 울었다.

'아이의 죽음이 헛되지 않게 할 거야. 반드시 이 지옥 같은 모래 언덕을 시원하고 청량한 숲으로 만들 거야. 우리 아이들이 마음껏 뛰놀 수 있는 천국으로 만들 거야.'

세월은 흘러 흘러 어느덧 인위쩐이 시집온 지 20년이 지났다. 인위쩐의 손은 거북이 등껍질처럼 거칠어졌고 곱던 얼굴엔 바람 자국이 드리웠다. 바이완샹이 웃으면서 인위쩐에게 말했다.

"드디어 우리가 해냈어. 우리가 숲을 만든 거야. 이게 다 당신 덕분이야."

인위쩐이 말했다.

"당신과 친지들, 동네분들 덕분이죠. 그리고 나무들. 나무들이 우릴 위해 살아남아줬어요. 가장 고마운 것은 바로 이 나무들이에요."

사막은 어느새 숲으로 변해 있었다. 46제곱킬로미터의 사막이 나무로 가득한 숲이 된 것이다. 심은 나무만 해도 8만 그루가 넘었다. 그리고 일일이 물을 주고 보호해줘야 하는 나무는 2만 그루가 넘었다.

"우리 부부는 하루도 쉬지 않고 일했어요. 쉴 수가 없었죠. 우리의 땀과 눈물이 만들어낼 기적을 굳게 믿었어요. 그것은 꿈도 희망도 없는 사막을 생명이 숨 쉬는 숲으로 만드는 것이었지요. 우리의 아이들이 마음껏 뛰놀고 마실 수 있는 그런 기적 말이에요."

서울 여의도 면적의 56배나 되는 사막을 숲으로 만든 인위쩐과 바이완샹은 나무 사이에 밭을 일궈 옥수수, 밀, 콩, 수박 등을 심었다. 그리고 3명의 자식들과 함께 그 어느 때보다 행복한 삶을 살고 있다.

"사막을 피해 돌아갈 수는 없습니다. 사막에 나무를 심었더니 그것이 숲으로 가는 길이 되었습니다."

사막이 아름다운 건 어딘가에 물이 있기 때문이라고 했던가. 이제 그 말을 수정해야 한다. 사막이 아름다운 건 숲이 있기 때문이다.

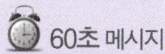 **60초 메시지**

사막을 건너는 6가지 방법

스티브 도나휴는 자신의 저서 《SHIFTING SANDS》에서 사막을 건너는 6가지 방법에 대해 이렇게 말하고 있다. 첫째, 끊임없이 모양이 변하는 모래사막에서는 지도가 아니라 나침반을 따라가라. 둘째, 오아시스를 만날 때마다 쉬어가라. 더 많이 쉴수록 더 멀리 갈 수 있다. 셋째, 정체 상태에 빠지면 자신만만한 자아에서 공기를 조금 빼내야 다시 움직일 수 있다. 넷째, 사막을 건너는 것은 고독과 외로움, 다른 사람과 함께하는 것 사이에서 춤을 추는 것이다. 다섯째, 안전하고 따뜻한 캠프파이어에서 나와 사막의 깜깜한 어둠 속으로 나아가라. 여섯째, 열정을 가로막는 두려움과 불안의 국경에서 멈추지 말라.

실제로 사하라 사막을 건넌 경험이 있는 스티브 도나휴는 '사막을 건너는 6가지 방법'을 통해 우리네 인생을 투영시킨다. 인생은 산을 오르는 것보다 사막을 건너는 것과 더 닮았다는 것. 살다 보면 길을 잃을 때도 있고 오도 가도 못하는 상황에 빠지기도 하며 신기루를 쫓기도 한다. 그래서 마치 우리 인생 여행길은 끝없는 사막을 걷는 것과 같다. 그럴 때 위의 6가지 방법을 음미해보자.

……

내가 죽으면 화장해서 내가 살던 곳 언덕에 뿌리고
집도 깨끗이 태워 없애 자연에 돌려주세요.
내가 쓴 모든 책은 주로 어린이들이 사서 읽은 것이니
여기서 나오는 인세는 어린이들에게 돌려주는 게
마땅할 것입니다. 하나님께 기도해주세요.
제발 이 세상, 너무도 아름다운 이 세상에서
사람이 사람을 죽이는 일은 없게 해달라고요.

평생을 종지기로 살다 간 동화 작가 권정생

눈물이 없다면
이 세상을 살아갈 가치가 없다

"땡땡땡!"

어느 겨울 어스름한 새벽녘, 청년은 오늘도 변함없이 새벽 예배를 알리는 종을 쳤다. 종소리는 바람을 타고 안동시 조탑동 일대의 어둠을 깨웠다. 종에 매달린 줄이 꽁꽁 얼어붙고 손이 백짓장처럼 차가웠지만 청년은 개의치 않았다. 스물아홉 살부터 한 번도 빠짐없이 새벽 종을 쳤다. 동상에 걸려 잘 걷지 못하거나, 감기 몸살 때문에 온몸이 쑤셔도 종 치는 일을 멈출 수 없었다. 청년은 이 교회의 종지기였다. 천신만고 끝에 얻은 직업이자 일자리였다.

'날씨가 많이 춥네. 교인들이 오기 전에 얼른 눈을 치워야지.'

청년은 싸리비를 들고 교회 주변을 쓸기 시작했다. 감나무에 앉은 까치들이 까악까악 울기 시작했다.

"좋은 손님이 오려나. 녀석들이 오늘따라 크게 우네."

청년은 눈 쓰는 것을 멈추고 산등성이를 바라봤다. 아직 깜깜한 새벽녘이었지만 달빛과 별빛을 받은 산이 드문드문 하얀색으로 빛났다.

'이곳에 온 지도 벌써 5년이 지났구나. 그래도 난 정말 행운아야. 이렇게 좋은 일자리도 얻고. 살 집도 생겼고, 내가 좋아하는 글도 마음대로 쓸 수 있으니 말이야.'

회한에 잠긴 청년의 머릿속에서 과거의 일들이 주마등처럼 스쳐 지나갔다.

청년은 1937년 9월 일본에서 태어났다. 빈민가에서 자란 청년은 일본 아이들에게 '조센진'이라는 놀림과 학대를 받았다. 하지만 이보다 더욱 슬프고 괴로운 것은 집에 먹을 게 없다는 것이었다. 그렇게 하루 벌어 근근이 살아갈 즈음, 뜻밖의 낭보가 전해졌다.

"일본이 항복을 했대요. 이제 우리 조선이 해방되었어요."

"그럼 이제 우리도 조선으로 돌아갈 수 있는 거예요?"

해방 이듬해 청년의 가족은 조국으로 돌아왔다. 하지만 살림은 나아지지 않았다. 초등학교를 겨우 졸업한 청년은 그때부터 나무 장수, 고구마 장수, 담배 장수, 임금 노동자 등 궂은 일을 하며 보냈다. 위로 형님 두 분이 있었지만 아직 일본에서 돌아오지 않아 장남 노릇을 해야만 했다.

열아홉 살이 된 청년에게 죽음의 고비가 찾아왔다. 폐병에 걸린 것이다. 당시 폐병은 암처럼 무서운 병이었다. 항생제를 제대로 구하지 못해 친구들이 하나둘씩 죽어가는 것을 청년은 지켜봐야 했다. 다행히 그는 죽음은 모면했지만 병세가 점점 심해져 폐결핵과 늑막염을 앓게 되었다. 나중에는 신장결핵, 방광결핵으로 온몸이 망가졌다. 이 때문에 청년은 평생 오줌통을 몸에 차고 살아야 했다.

청년이 일을 제대로 못하자 어머니와 동생이 돈을 벌기 위해 생활전선에 나섰다.

'어머니와 동생이 고생하는 걸 더는 볼 수 없어. 차라리 죽어버리자. 내가 죽으면 다 괜찮아질 거야.'

이렇게 나쁜 생각이 들 때마다 청년은 교회당에 가서 하나님께 기도를 드렸다. 그러면 마음이 조금은 편해졌다. 항상 죽음이 청년 곁을 따라다녔기에 신의 존재는 각별했다. 살기 위해 신을 의지하고 믿었다. 청년은 평소 꿈이었던 작가가 되기 위해 열심히 글을 썼다. 원고지 한 장을 쓰고 나면 몇 시간을 끙끙 앓고, 하루를 쓰면 며칠을 꼼짝 못할 정도였지만 청년은 멈추지 않았다.

하지만 희망은 청년의 편이 아니었다. 부모님이 차례로 세상을 뜬 것이다. 졸지에 집도 없고 기댈 곳도 없어진 청년은 어떻게든 살아야겠다고 생각했다. 수소문 끝에 청년은 안동의 한 교회에서 종지기로 일할 수 있었다. 평소 청년의 깊은 신앙심과 딱한 사정을 아는 지인들이 도움을 준 것이다.

그날부터 청년은 생을 마감하기 전까지 이 교회의 종지기로 살았다.

무엇보다 청년을 기쁘게 한 것은 교회 뒤편에 딸린 흙집이었다. 비록 작고 초라한 집이었지만 처음으로 집이 생긴 게 한없이 기쁘기만 했다. 여름에는 개구리가 창호지 문구멍으로 들어오고, 겨울에는 생쥐들이 들어와 잠자리를 뒤숭숭하게 만들었지만 어느새 녀석들과도 친구가 되었다.

각종 병 때문에 평생을 오줌통을 달고 살았기에 청년에게 관심을 갖는 여자가 없었다. 게다가 170센티미터에 40킬로그램도 되지 않는 체격과 부모도 없는 교회 종지기라는 그의 환경을 좋아할 여자들이 없었다. 하지만 무엇보다 그에겐 이루어야 할 꿈이 있었다. 그건 안데르센처럼 아이들을 위한 동화를 쓰는 것이었다.

"나에게는 자연과 동물이라는 친구가 있잖아. 괜찮아. 이렇게 혼자 있는 시간이 작가 지망생한테는 더없이 좋은 조건이고 행복이지."

그렇게 청년은 교회 종지기 생활을 하며 열심히 글을 썼다.

오후가 되어 점심을 먹고 있을 때 목사님이 급히 불렀다. 전화가 왔다는 것이다. 전화 올 곳이 없는 청년은 고개를 갸우뚱하며 사택으로 달려갔다.

"권정생 선생님이시죠?"

수화기에서 젊은 여성의 목소리가 들렸다.

"네, 제가 권정생입니다."

"여기는 서울에 있는 잡지사입니다. 저희 쪽으로 원고를 투고해주셨죠?"

그때서야 정생은 몇 달 전 자신이 보낸 원고가 생각났다. 처마 밑의 강아지 똥을 보고 쓴 동화였다. 설마? 정생이 대답을 못하고 우물쭈물하자 수화기 저편의 여자가 말을 이었다.

"축하드립니다. 선생님이 보내주신 작품이 제1회 기독교 아동문학상에 당선되었습니다."

정생은 아무 말도 할 수 없었다. 벅찬 감동과 눈물이 쏟아졌다. 그동안 수많은 밤을 지새우며 썼던 글과 노력이 결실을 맺는 순간이었다. 애니메이션으로도 만들어진, 한국 동화사에 길이 남을 명작 《강아지 똥》은 그렇게 세상의 빛을 보게 되었다. 1969년의 일이다.

돌이네 흰둥이가 똥을 누는 것으로 시작하는 동화 《강아지 똥》은 45년이 지난 지금도 많은 사랑을 받고 있다. 이 동화에는 권정생의 인생관과 철학이 고스란이 녹아 있다. 그건 비록 더러운 강아지 똥이라도 민들레의 거름이 되고 다시 예쁜 민들레꽃으로 피어난다는 것이다. 즉 세상에서 소외되고 버림받는 존재일지라도 그 나름대로 쓸모와 가치가 있다는 생명 존중의 마음을 담고 있다. 그래서 이 작품을 읽는 사람들은 눈물과 함께 자신감과 희망을 갖게 된다.

권정생은 이 데뷔작을 계기로 본격적인 동화 작가로 활동하기 시작했다. 〈조선일보〉 신춘문예 당선작인 《무명저고리와 엄마》를 비롯해 드라마로도 만들어져 대히트를 친 《몽실 언니》, 《황소 아저씨》, 《똘배가 보고 온 달나라》 등 140편의 단편 동화, 5편의 장편 동화, 100편이 넘는 동시와 동요를 남겼다. 또한 80여 편의 옛이야기와 150여 편에 이르는 산문 등 그야말로 평생을 아이들을 위한 동화 작가로 살았다.

그의 동화 속 주인공들은 대개 외롭고 소외받는 노인, 거지, 벙어리, 장애인, 늙은 소 등이었다.

권정생은 2007년 5월 17일 지병이었던 결핵과 신부전증이 악화해 71세의 나이로 사망했다. 직접 지은 다섯 평짜리 오두막집에서 강아지와 함께 검소한 삶을 살았던 권정생의 사망 소식에 〈저문 강에 삽을 씻고〉로 유명한 정희성 시인은 "아이들 읽으라고 글 몇 줄 남기고 어메 어메 여러 번 외치다가 돌아가셨다. 조선 새는 모두가 운다. 웃거나 노래하는 새는 한 마리도 없다"라는 추모시를 발표했다.

그날 저녁 수많은 언론과 문단, 출판 관계자들이 대거 안동 오두막집으로 내려왔다. 이들의 끝없는 추모 행렬에 동네 사람들은 놀랐다.

"권씨가 이렇게 유명한 사람인 줄 몰랐어요"

"옷이 매일 똑같았어요. 한 벌밖에 없었죠."

"그냥 가난한 종지기인 줄 알았지 동화 쓰는 분인 줄 알았남."

사람들을 더 놀라게 만든 것은 권정생의 재산이었다. 유산을 정리해 보니 10억여 원의 자산이 있고 한 달에 들어오는 인세 수입만 수천만 원이었다. 하지만 권정생은 평생 검소한 삶을 살았다. 자신을 위해서 쓴 돈은 거의 없고 어려운 이웃을 위해 돈을 아끼지 않았다. 그는 한 인터뷰에서 이렇게 말했다.

"바람도 살고 햇빛도 투명하고 교회 종소리도 들려오지. 내 몫 이상을 쓰는 것은 남의 것을 빼앗는 행위야. 내가 두 그릇의 물을 차지하면 누군가가 나 때문에 목이 말라 고통을 겪는다는 걸 깨달아야 해. 이 세상 온 우주 모든 것이 한 사람의 '내' 것은 없어. 밭 한 뙈기 돌멩이 하나라도 그건 '내' 것이 아니야. 온 세상 모두의 것이지."

그의 대표작 가운데 하나인《몽실 언니》의 몽실이는 절름발이가 되어 자신처럼 불우한 곱사등이와 결혼해 산동네에서 가난한 살림을 차린다. 작품을 다 읽고 나면 인간적인 따뜻함과 삶의 희망을 느낄 수 있지만 전체적으로는 어둡고 슬프다. 이 작품뿐만 아니라 권정생의 동화에는 슬픔이 밑바탕에 깔려 있다. 이 점에 대해 그는 자신의 책에서 이렇게 말했다.

"나의 동화는 슬프다. 그러나 절대 절망적인 것은 없다. 서러운 사람에겐 남이 들려주는 서러운 이야기를 들으면 한결 위안이 된다. 그것은 조그만 희망으로까지 이끌어줄 수 있기 때문이다. 눈물이 없다면 이 세상을 살아갈 가치가 없다."

그는 자신의 이름인 정생(正生)처럼 바르고 정직하게 살다 갔다. 동화 작가라기보다는 수도승 같은 삶을 살았다. 하지만 유머가 넘치는 사람이기도 했다. 타계하기 2년 전 작성한 유언장에는 "죽으면 아픈 것도 슬픈 것도 외로운 것도 끝이다. 웃는 것도 화내는 것도. 그러니 용감하게 죽겠다. 만약에 죽은 뒤 다시 환생을 할 수 있다면 건강한 남자로 태어나고 싶다. 태어나서 스물다섯 때 스물두 살이나 스물세 살쯤 되는 아가씨와 연애를 하고 싶다. 벌벌 떨지 않고 잘할 것이다"라고 적었다.

어릴 때부터 늘 병마와 싸우고 죽음과 함께해야 했던 권정생은 새벽 4시와 오후 6시만 되면 늘 교회의 종을 쳤다. 그는 작가이기 이전에 종지기였고, 하루도 그 일을 소홀히 한 적이 없다.

그는 죽기 직전 이런 유언을 남겼다.

"내가 죽으면 화장해서 내가 살던 곳 언덕에 뿌리고 집도 깨끗이 태워 없애 자연에 돌려주세요. 내가 쓴 모든 책은 주로 어린이들이 사서 읽은 것이니 여기서 나오는 인세는 어린이들에게 돌려주는 게 마땅할 것입니다. 하나님께 기도해주세요. 제발 이 세상, 너무도 아름다운 이 세상에서 사람이 사람을 죽이는 일은 없게 해달라고요."

현재 권정생의 재산은 유언에 따라 '권정생 어린이 문화재단'에서 관리하고 있다. 2014년 안동시에서는 그를 기리는 어린이 문학 체험장인 '권정생 동화나라'를 개관했다. 매년 수만 명의 사람이 이곳을 찾아 강아지 똥처럼 가장 낮은 곳에서 별이 된 그를 기리고 있다.

우리는 지금 어떠한 삶의 길을 걷고 있는 것일까? 남 보기에 부끄럽지 않은 올바른 삶의 길을 걷고 있을까? 혹시 정도(正道)에서 벗어난 길을 걷고 있는 것은 아닐까?

 **60초 메시지**

어떻게 사는가는 스스로 결정하는 것이다

"어머니, 인생이란 게 뭐예요?"

"사람이 태어나서 살아가는 걸 인생이라고 하나보더라."

"팔자하고 비슷하군요."

"…."

"어머니, 나는 앞으로 어떻게 되는 거예요?"

"그건 네가 괴롭더라도 참고 열심히 살면 알게 될 게다. 어떻게 사는가는 스스로 결정하는 거야."

최 선생한테 '인생의 길'이란 말을 들은 뒤, 몽실은 곰곰이 생각하는 아이가 되었다. 자기 일뿐만 아니라 어머니의 일도, 아버지의 일도 그리고 이웃의 살아가는 모습도 눈여겨봤다. 야학에도 부지런히 나갔다.

-《몽실 언니》중에서

"인생은 흘러가는 것이 아니라 채워지는 것이다."
존 러스킨(John Ruskin)

……

가장 강한 무기인 책과 펜을 들고
문맹과 빈곤, 테러에 맞서 싸워야 합니다.
한 명의 아이, 한 명의 선생님, 한 권의 책,
한 자루의 펜이 세상을 바꿀 수 있습니다.
교육만이 유일한 해결책입니다.

역대 최연소 노벨평화상 수상자 말랄라 유사프자이

한 자루의 펜이
세상을 바꿀 수 있다

　2012년 10월 9일 화요일 오후. 파키스탄 스와트밸리에 위치한 쿠샬 학교 앞에 버스가 도착하자 아이들이 계단을 뛰어 내려갔다. 열다섯 살의 말랄라 유사프자이(Malala Yousafzai)도 스카프로 머리를 가리고 교문을 나와 버스 뒤편으로 올라탔다.

　"자, 모두 탔지. 그럼 출발한다."

　학생들이 다 탄 것을 확인한 버스 기사는 차를 출발시켰다. 그렇게 5분쯤 갔을까? 갑자기 버스가 멈췄다. 턱수염을 기른 젊은 사내가 손을 흔들어 버스를 멈춘 것이다.

　"무슨 일이오?"

버스 기사가 물었다.

"쿠샬 학교 버스요?"

젊은 사내가 거친 말투로 물었다.

"보면 모르시오? 버스 옆쪽에 학교 이름이 쓰여 있지 않소."

그 말이 끝나자마자 사내는 버스에 올랐다. 순간 버스 안은 아수라장이 되었다. 사내가 품 속에서 권총을 꺼내들었기 때문이다. 사내의 권총은 버스 운전사의 목덜미를 향했다.

"천천히 계속 운전하시오. 멈추지 말고. 나는 특별히 할 일이 있소."

사내의 말에 운전사는 몸을 벌벌 떨며 고개를 끄덕였다. 사내는 몸을 돌려 학생들을 쳐다봤다. 아이들은 공포에 질려 어쩔 줄을 몰라 했다. 두려움을 이기지 못하고 울음을 터뜨린 소녀도 있었다.

"이 중에서 말랄라가 누구냐?"

사내가 큰 소리로 물었다. 하지만 아이들은 쉽게 대답하지 못했다.

'탕!'

사내가 버스 위로 한 발의 총을 발사했다.

"말랄라가 누구냐고? 다 죽고 싶지 않으면 얼른 말해!"

그때서야 정신을 차린 몇몇 아이들이 고개를 들어 말랄라를 턱으로 가리켰다. 말랄라를 발견한 사내는 천천히 다가갔다.

"네년이구나. 조국을 배신하고 우리 탈레반에 수치와 모욕감을 준 게. 네년이 블로그에 올린 글 때문에 우리는 개짐승만도 못한 인간이 됐어. 어서 지옥에나 가라!"

그 말과 함께 사내는 세 발의 총을 말랄라를 향해 발사했다. 첫 번째

총탄은 말랄라의 왼쪽 눈 옆을 뚫고 들어가 왼쪽 어깨로 빠져나왔다. 나머지 두 발은 옆에 있던 학생들의 손과 팔에 박혔다.

일순 버스 안은 아이들이 질러대는 공포 섞인 비명과 피로 가득했다. 머리에 치명적인 총상을 입은 말랄라는 서서히 눈을 감았다. 총을 쏜 사내는 버스를 멈추게 한 다음 황급히 사라졌다.

"어서 빨리 이쪽으로 옮기시오!"

병원에 도착했을 때 말랄라의 머리는 피범벅이었다. 서둘러 응급 치료를 했지만 말랄라는 좀처럼 깨어날 기미를 보이지 않았다.

"마음의 준비를 하셔야겠습니다. 최선을 다하고 있지만 가능성이 희박합니다."

뒤늦게 소식을 듣고 달려온 아버지에게 의사는 말했다. 아버지는 절망 대신 침착함과 냉정함을 선택했다.

"이럴 때일수록 내가 정신을 차려야 해. 이건 꿈이 아니라 현실이야. 내 딸은 내가 꼭 살릴 거야."

이렇게 말랄라가 삶과 죽음의 경계를 오가고 있을 때 탈레반이 성명서를 발표했다.

"오늘 말랄라에게 총격을 가한 것은 우리다. 누구든 우리에게 대항하는 목소리를 내는 자는 말랄라와 같은 방식으로 처단할 것이다."

탈레반의 성명서에 전 세계가 들끓기 시작했다. 아직 성년도 되지 않은 어린 소녀에게 가한 총격은 공포심을 넘어 증오와 분노로 바뀌었다. 뒤늦게 소식을 들은 영국은 비행기를 보내 말랄라를 버밍엄 퀸

엘리자베스 병원으로 급히 이송했다.

"어떻게든 말랄라를 살려야 합니다. 내 딸이 죽으면 저들은 더욱 포악해질 것입니다. 사람들은 겁을 먹을 것입니다. 내 사랑하는 딸이 지난 몇 년 동안 싸워온 모든 것을 수포로 만들 순 없습니다. 제발 살려만 주십시오. 부디 목숨만이라도. 제발."

말랄라의 아버지는 의사들에게 간곡하게 부탁했다.

"장담할 순 없지만 최선을 다하겠습니다."

그날부터 저명한 의사들이 말랄라를 살리기 위해 밤낮으로 고군분투했다.

이슬람 무장 테러 단체 탈레반. 말랄라가 그들의 표적이 된 것은 열한 살부터였다. 당시 말랄라는 굴 마카이라는 필명으로 BBC 방송국 블로그에 탈레반 치하의 삶에 대해 글을 올렸다. 주로 차별받는 여성과 자기 가족에 대한 이야기였다.

"아들이 태어나면 축포를 쏘고 딸이 태어나면 커튼 뒤에 숨기는 나라, 그저 요리하고 아이 낳는 일이 평생의 역할인 나라에서 저는 딸로 태어났습니다."

말라라가 블로그에 밝힌 글은 서방 세계 사람들에게 큰 충격을 주었다. 말랄라에 따르면 탈레반은 남자들에게는 턱수염을 기르게 하고, 여자들에게는 부르카를 강제 착용하도록 했다. 심지어 여자들이 큰 소리로 웃는 것을 금지했으며 하얀 신발을 신는 것도 막았다. 하얀색은 남자들만의 색이라는 이유에서였다. 여자들은 손톱에 매니큐어를 발랐다는 이유로 감금당하고 매를 맞았다.

이렇게 자신들의 정책에 비판적인 굴 마카라를 찾기 위해 탈레반은 온 정보력을 동원했다. 끈질긴 추적 끝에 굴 마카라가 바로 쿠샬 학교에 재학 중인 말랄라라는 것을 알고 테러를 감행한 것이다.

말랄라는 그 후 대수술을 받았다. 두개골 일부를 들어내고 왼쪽 안면 신경을 절단했다. 한쪽 귀는 평생 들을 수 없게 되었지만 강한 정신력과 의사들의 지극정성으로 간신히 목숨을 건졌다. 그리고 말을 할 수 있을 정도로 서서히 회복하기 시작했다.

전 세계 언론은 말랄라 피격 사건을 일제히 보도했다. 200만 명이 파키스탄의 불합리한 교육을 개선하기 위해 서명 운동에 나섰고, 이에 파키스탄 정부는 말랄라 같은 사건이 다시 일어나지 않도록 교육 권리 법안을 통과시켰다.

가장 감동적인 장면은 인터넷에서 연출되었다. 누가 처음 시작했는지 모르지만 '내가 말랄라다(I am Malala)'라는 피켓을 든 사람의 얼굴 사진이 하나둘씩 올라오기 시작한 것이다. 이 자발적인 사진 릴레이는 전 세계에 급속도로 번져나갔다.

"내가 말랄라다."

"말랄라를 지지합니다."

이 감동적인 장면을 지켜본 유엔 글로벌 교육 특사 고든 브라운은 '나는 말랄라다'라는 슬로건으로 세계 어린이들이 학교에 안심하고 다닐 수 있도록 하자는 캠페인을 시작했다.

말랄라는 많은 사람들의 응원과 지지 속에서 건강을 회복했다. 하지만 신변 위협 때문에 조국에 돌아가지 못하고 버밍엄에 있는 에지배스턴 여학교의 학생이 되었다.

말랄라는 공포와 고통을 이겨내고 영국에서 새롭게 여성 교육을 역설하는 운동가로 활동했다. 그리고 2013년 7월 12일 열여섯 번째 생일을 맞이해 유엔 본부 연단에 섰다.

"테러리스트들은 제 목표와 열망을 빼앗아가려고 했지만, 그러지 못했습니다. 하지만 한 가지 변한 게 있습니다. 저에게 있던 약함, 공포, 절망은 이제 사라졌습니다. 그 자리에 강함, 힘, 용기가 솟아났습니다. 저는 모든 이들이 교육받을 권리가 있다는 걸 이야기하기 위해 이 자리에 섰습니다. 그리고 앞으로 인권이 보장되는 세상을 만들기 위해 어떠한 위협에도 굴하지 않겠습니다."

말랄라는 이날의 연설에서 자신에게 총을 쏜 탈레반 대원을 미워하지 않는다고 말했다. 그가 자기의 앞에 있더라도 쏘지 않을 거라고 했다. 그게 바로 무함마드와 예수 그리스도, 부처님께 배운 연민이라고 했다. 마틴 루서 킹과 넬슨 만델라에게서 받은 혁신의 유산이자 간디와 테레사로부터 배운 비폭력의 철학이라고 말했다. 이 당찬 어린 소녀의 연설에 지켜보던 이들은 뜨거운 눈물을 흘렸다.

책을 사랑하고 교육을 누구보다 소중하게 여긴 말랄라. 《연금술사》를 쓴 소설가 코엘료는 "테러리스트는 자신들이 가장 두려워하는 것이 무엇인지 보여줬다. 그것은 책을 든 소녀다"라고 말한 반기문 유엔 사무총장의 발언을 트위터에 올리고 말랄라 후원 캠페인에도 참여했다. 마돈나는 〈Human Nature〉라는 곡을 말랄라에게 바쳤으며 비욘세는 응원의 메시지를 담은 카드를 보냈다. 안젤리나 졸리는 "우리는 모두 말랄라입니다"라는 글을 〈뉴스위크〉에 기고했으며, 버락 오바마를 비롯한 세계 각국의 정상들이 그녀의 용기에 찬사를 보냈다.

여성 인권 운동가로 나선 말랄라의 원래 꿈은 의사였다. 어릴 때부터 힘 없고 가난한 사람을 돕고 생명을 구하는 길이 자신의 사명이라고 생각했다. 하지만 죽을 고비를 넘긴 그녀는 이제 자신의 꿈을 정치인으로 수정했다. 특히 자신의 조국 파키스탄의 대통령이 되는 게 목표이자 꿈이었다. 왜 꿈을 수정했느냐고 기자가 묻자 말랄라는 웃으며 이렇게 말했다.

"의사가 되면 총에 맞은 한 사람을 치료할 수 있을 뿐이지만 정치인이 되면 총에 맞는 사람이 없는 세상을 만들 수 있잖아요."

말랄라는 학생답게 교육과 여성 인권 신장에 관심이 많다. 그래서인지 유엔에서 행한 연설의 마지막을 다음과 같이 끝맺었다.

"교육이라는 대의 아래 하나가 되어 지식의 무기로 무장한다면 이 목표를 이룰 수 있습니다. 빈곤과 불의 그리고 무지로 고통받는 수백만 명의 사람들, 교육의 권리를 빼앗긴 아이들을 잊어서는 안 됩니다. 가장 강한 무기인 책과 펜을 들고 문맹과 빈곤, 테러에 맞서 싸워야 합니다. 한 명의 아이, 한 명의 선생님, 한 권의 책, 한 자루의 펜이 세상을 바꿀 수 있습니다. 교육만이 유일한 해결책입니다. 감사합니다."

이렇게 유엔에서 전 세계인을 향해 아동 교육에 힘써달라고 간곡히 호소했던 말랄라는 2014년 12월 10일 노벨평화상 공동 수상자로 선정되었다. 역대 최연소 노벨평화상 수상자였다. 당시 나이는 열일곱 살이었다. 노벨평화상 선정위원회는 수상 이유를 다음과 같이 밝혔다.

"말랄라 유사프자이는 어린 나이에도 불구하고 이미 수년간 소녀들의 교육받을 권리를 위해 싸웠고, 어린이와 젊은이도 그들의 상황을 개선하는 데 스스로 기여할 수 있음을 몸소 보여주었다. 그것을 그녀는 가장 위험한 상황 속에서 이루어냈다. 영웅적인 투쟁으로 말랄라는 소녀들의 교육받을 권리를 위해 싸우는 선도적인 대변자가 되었다."

극도로 위험한 상황에서도 여성 교육권을 위해 투쟁하고 여성 교육을 위해 힘쓴 것을 높이 평가한 것이다.

현재 말랄라는 영국에서 생활하고 있다. '말랄라 펀드'를 조성해 파키스탄은 물론 시리아, 나이지리아, 케냐 등 저개발 국가 어린이들의 교육권 보장을 위한 운동을 계속해나가고 있다. 2015년 4월에는 나사에 근무하는 천문학자가 화성과 목성 사이에서 발견한 소행성의 이름을 '316201 말랄라'라고 명명해 진짜 별이 되기도 했다.

펜은 칼보다 강하다고 했던가. 진실된 한 사람의 글이, 진정성 담긴 한 사람의 목소리가 퍼지고 퍼져 세상의 빛과 소금이 된다.

 **60초 메시지**

용기란 죽을 만큼 두려워도 일단 해보는 것이다

1962년 비틀스가 음반사와 처음 오디션을 볼 때 회사 관계자는 비틀즈 매니저에게 "기타 그룹은 한물갔다"며 거절했다. 훗날 비틀스는 세계에서 가장 영향력 있는 밴드로 발돋움했다. 혼다 쇼이치로는 도요타에 취직이 되지 않자 차고에서 홀로 오토바이를 제조하기 시작했다. 나중에 그는 수조 원짜리 대기업을 창업했다. 로큰롤의 황제 엘비스 프레슬리는 한때 음반 관계자에게 "트럭 운전이나 계속하라"는 이야기를 들었고, KFC 창업자 커넬 샌더슨은 1009번의 퇴짜를 맞고 프랜차이즈 사업권을 획득했다. 내가 나를 믿지 못하면 아무도 나를 믿지 않는다. 자부심과 자존심은 다르다. 용기와 치기가 다른 것처럼.

"나는 누군가에게 강요받기 위해 이 세상에 태어난 것이 아니다. 나는 내 방식대로 숨쉬고 내 방식대로 살아갈 것이다. 누가 더 강한지는 두고 보도록 하자."
헨리 데이비드 소로 (Henry David Thoreau)

......

펜슬 애니메이션을 만드는 게 연필이 아니듯
컴퓨터 애니메이션을 만드는 것도 컴퓨터가 아닙니다.
컴퓨터 애니메이션의 창조자는 아티스트입니다.
예술은 기술에 도전하고
기술은 예술에 영감을 불어넣습니다.

해고 직원에서 세계적인 애니메이터가 된 존 라세터

눈물 뒤에는
반드시 웃음이 기다린다

2014년 새해 벽두에 한국에서 개봉된 〈겨울 왕국〉은 그야말로 폭발적인 인기를 구가했다. 애니메이션으로는 국내 최초로 1000만 관객을 넘어섰고 주제가 〈Let it Go〉는 전 국민의 애창곡이 되었다. 그동안 픽사(Pixar)에 밀렸던 디즈니의 화려한 부활은 존 라세터(John Lasseter)라는 걸출한 애니메이터가 있기에 가능했다.

"멋진 그림이구나. 마치 그림이 내게 말을 거는 것 같네."
어머니의 칭찬에 어린 라세터는 기분이 좋았다. 고등학교 미술 교사였던 어머니 덕분에 라세터는 어릴 때부터 그림 그리기를 좋아했다. 상도 여러 번 수상했다. 하지만 그림 그리기보다 라세터를 더욱 사로잡은 것은 TV 만화영화였다. 그림들이 움직이고 심지어 말까지 하는 게 너무 신기했다.

라세터의 인생을 뒤흔든 것은 고등학교 때 도서관에서 우연히 읽은 책 때문이다. 디즈니 애니메이션 〈잠자는 숲 속의 공주〉의 제작 과정을 담은 책이었는데, 그 속에서 애니메이터라는 직업을 알게 된 것이다.

'세상엔 애니메이션을 만들면서 돈을 받고 생계를 유지하는 사람도 있구나.'

라세터는 책을 통해 애니메이션에서 가장 중요한 존재가 애니메이터라는 사실을 알았다. 그동안 자신이 열광하며 본 모든 애니메이션에는 그것을 기획하고 만들고 총괄 지휘하는 사람이 존재했는데, 그게 바로 애니메이터였다. 라세터는 책을 덮자마자 집으로 달려갔다.

"엄마, 전 애니메이터가 되고 싶어요."

어머니가 웃으면서 물었다.

"애니메이터? 그게 뭐니? 애니메이션과 관련 있는 거니?"

라세터는 새롭게 알게 된 사실을 어머니께 차근차근 설명하기 시작했다. 라세터의 설명을 다 들은 어머니가 말했다.

"멋진 직업이구나. 한번 해보렴. 내가 도울 수 있는 거라면 힘껏 도우마."

그날 밤 라세터는 디즈니사에 한 통의 편지를 보냈다.

"안녕하세요. 전 존 라세터라고 합니다. 지금은 LA에서 살고 있는 고등학생입니다. 전 어렸을 때부터 디즈니에서 만든 애니메이션을 다 봤습니다. 정말 굉장했습니다. 그 속에는 영화에서는 담을 수 없는 그림과 스토리 그리고 상상력이 담겨 있었습니다. 그리고 오늘 전 이 모든 게 애니메이터라는 직업에서 시작된다는 것을 알았습니다. 그래서 결심했습니다. 기필코 애니메이터가 되겠다고. 부디 제게 기회를 주세요. 보수는 필요 없습니다. 더 멋진 애니메이션을 제 손으로 만들 수만 있다면 족합니다. 아이들에게 꿈과 희망을 안겨줄 애니메이터가 꼭 되고 싶습니다."

편지를 보내고 며칠이 지났다. 라세터는 학교에서 돌아오자마자 우체통을 뒤져 보았다. 하지만 그가 원하는 답장은 없었다. 그렇게 시간이 흐른 어느 날, 디즈니에서 보낸 답장이 도착했다. 라세터는 두근거리는 마음으로 편지 봉투를 열었다. 거기에는 다음과 같은 글이 적혀 있었다.

"존 라세터 군의 꿈을 디즈니는 응원합니다."

그리고 초대장 하나가 들어 있었다. 디즈니의 캐릭터 애니메이션 프로그램에 참여해도 좋다는 황금 티켓이었다. 존 라세터는 뛸 듯이 기뻤다. 그리고 그해 가을, 디즈니에서 운영하는 캘리포니아 예술학교에 입학했다. 통상 칼 아츠(Cal Arts)라고 부르는 이 학교에서 라세터는 쟁쟁한 동기들을 만남으로써 인생의 전환점을 맞이했다. 훗날 〈가위손〉, 〈찰리와 초콜릿 공장〉, 〈배트맨〉 등을 감독한 팀 버튼을 비롯해 〈인어 공주〉, 〈알라딘〉을 만든 존 머스커와 〈인크레더블〉, 〈라따뚜이〉를 연출한 브래드 버드가 바로 그들이다.

라세터는 대학 시절 동안 훌륭한 교수진과 동기들 사이에서 애니메이션을 차곡차곡 배우기 시작했다. 간혹 칼 아츠를 중퇴하고 곧장 디즈니에 입사하는 친구도 있었지만 라세터는 더 많은 것을 배우기 위해 학교에 남았다. 얼마 후 학사 학위증을 받은 라세터는 꿈에 그리던 디즈니에 입사했다.

하지만 당시 디즈니는 극도의 침체기를 겪고 있었다. 무엇보다 철저한 도제 시스템 때문에 라세터는 창의적인 작업을 할 수 없었다.

'이건 내가 꿈꾸던 애니메이터의 세계가 아니야. 새로운 스토리도 없고 그림의 혁신도 없어. 모두 예전에 발표한 애니메이션을 모방하거나 자기 복제를 할 뿐이야. 이젠 혁명이 필요할 때야.'

그때 라세터의 눈에 작은 희망이 보였다. 비록 어설프기는 했지만 컴퓨터 그래픽(CG) 작업을 우연히 보게 된 것이다. CG 작업을 처음 보자마자 라세터의 눈에서 불꽃이 일었다.

'바로 저거야. 이제 애니메이션에도 저렇게 입체적이고 생동감 넘치는 그림이 필요해. 저건 혁명이야. 세상을 바꿔놓을 거야.'

라세터는 곧장 디즈니 고위 임원에게 달려갔다.

"앞으로 세상은 빠르게 발전해나갈 겁니다. 빌 게이츠나 스티브 잡스 같은 인물이 컴퓨터로 세상을 뒤집어놓을 테니까요. 이제 애니메이션도 컴퓨터 그래픽과 결합해서 새로운 시도를 해볼 때입니다. 지금처럼 평면적인 2차원이 아니라 입체적인 3차원의 영상이 필요합니다. 그게 디즈니가 앞으로 해야 할 일이고, 디즈니가 살 길입니다."

하지만 고위 임원은 라세터의 말에 귀를 기울이지 않았다. 타성에

젖어 자신의 자리에만 연연했다. 결국 라세터는 독자적으로 CG를 개발하기 위해 나섰고, 그의 행동은 임원들의 눈 밖에 났다. 결국 라세터는 디즈니로부터 해고를 당했다.

'어쩌면 잘된 일이야. 내가 회사를 바꿀 수 없다면 세상을 바꿀 회사를 찾아가면 돼. 그곳에서 다시 시작하자. 내 꿈은 멋진 프로젝트가 될 거야.'

라세터는 당시 CG를 개발하는 팀에 입사했다. 바로 〈스타워즈〉 시리즈로 유명한 조지 루카스 감독이 운영하는 회사의 한 부서였다. 그들은 CG 기술은 있었지만 애니메이션에 대한 지식은 없었다. 라세터는 그들을 독려해 당시로서는 혁신적인 3차원 디지털 애니메이션 〈앙드레와 윌리 비의 모험〉을 만들었다. 이 작품은 몇몇 사람들에게 박수를 받았지만 흥행에는 성공하지 못했다.

조지 루카스는 실망했다. 이미 〈스타워즈〉에서 화려한 CG 기술을 선보였던 루카스가 원한 것은 애니메이션이 아닌 좀 더 진보적인 기술, 즉 영상적인 테크놀로지였다. 루카스는 이 계륵 같은 부서에 대해 결단을 내리기로 했다. 이 소식이 알려지자 CG팀은 웅성거리기 시작했다.

"루카스가 우리 팀을 없앤다는 소문이 회사에 자자해."

라세터는 실망과 좌절 속에 하루하루를 보냈다. 그동안 자신이 쌓아올린 노력과 열정이 한순간에 잿더미가 되려는 순간이었다. 그때 뜻밖의 인물이 구세주로 나타났다.

"그 회사를 내가 사겠습니다. 돈은 두둑이 주죠."

그 남자를 보자마자 라세터는 깜짝 놀랐다. 그는 다름 아닌 애플사의 창업자 스티브 잡스였다. 당시 스티브 잡스는 자신이 만든 애플에서 쫓겨난 신세였다. 하지만 CG의 가능성을 간파한 스티브 잡스는 이 기회를 놓치고 싶지 않았다. 우여곡절 끝에 루카스 필름의 CG 파트는 1000만 달러에 스티브 잡스 손으로 들어갔다.

인수를 완료하고 며칠 후 스티브 잡스가 라세터를 불렀다.

"자네가 라세터인가?"

라세터는 스티브 잡스와 악수를 나누었다.

"반갑습니다. 사장님 이름은 익히 들었습니다. 컴퓨터 천재이지만 그림과 그래픽에도 조예가 깊으신 걸로 알고 있습니다."

"하하하, 그런가? 나도 자네 이야기는 익히 들었네. 내가 그 팀을 인수한 이유는 CG가 탐나서이기도 했지만 자네를 얻기 위해서이기도 하네."

스티브 잡스의 말에 라세터는 깜짝 놀랐다. 잡스가 천천히 말을 이었다.

"라세터, 한 가지만 부탁하겠네. 지금까지 보지 못했던 전혀 새로운 것을 만들어주게나. 흥행은 걱정하지 않아도 되네. 새로운 것이라면 나는 뭐든 좋네."

라세터는 고개를 끄덕였다. 라세터가 문 밖으로 나가려 하자 스티브 잡스가 불러 세우며 말했다.

'참, 우리 회사 이름은 픽사가 어떤가 싶네만. 컴퓨터 화면을 구성하는 최소 단위인 픽셀(Pixel)과 예술(Art)을 조합한 말이네. 자네가 좋다면 오늘 당장이라도 회사명을 등록하고 싶네."

회사 이름을 듣는 순간 라세터의 얼굴이 밝아졌다.

"멋진 이름이군요. 그럼 저는 내일부터 픽사에 출근하도록 하겠습니다."

서로 마주보는 두 사람의 얼굴에 웃음이 가득 찼다.

그날부터 라세터의 시대가 열리기 시작했다. 라세터 팀이 제작한 몇몇 작품이 주목을 받고 1988년에는 〈틴 토이〉라는 작품이 아카데미 시상식에서 단편 애니메이션 부문을 수상했다. 픽사로서는 처음 받는 오스카상이라 회사의 가치 또한 올라갔다. 하지만 회사의 재정 상황은 좋아지지 않았다. 당시의 기술로는 CG 애니메이션를 만드는 데 워낙 많은 돈이 들었기 때문이다. 1991년 잡스는 30명의 직원을 해고하고 회사를 빌 게이츠에게 팔 생각까지 했다. 하지만 잡스 역시 촉이 남다른 사람이었다. 결국 그는 여기저기서 돈을 융통해 라세터의 뒤를 도왔다. 라세터 또한 이에 보답하기 위해 처음으로 진행하는 장편 CG 애니메이션 제작에 혼신을 다했다.

드디어 1995년 11월 22일의 날이 밝았다. 추수감사절 시즌에 픽사의 첫 장편 애니메이션 〈토이 스토리〉가 선을 보였다. 사람들은 처음 접하는 CG 장편 애니메이션에 열광했다. 마치 우디와 버즈가 살아 움직이는 것처럼 생동감 있고 입체적이었다. 관객뿐만 아니라 평론가들도 처음 보는 혁명적인 화면에 찬사를 쏟아내기 시작했다.

〈토이 스토리〉는 북미 시장에서만 1억 9200만 달러의 수익을 거두고 박스오피스 1위를 차지했다. 이 기회를 놓칠 리 없는 스티브 잡스는 재빨리 주식을 공개해 690만 주를 모집했다. 그리고 라세터는 이 작품으로 아카데미 시상식에서 특별상을 수상했다.

그때부터 라세터는 탄탄대로를 걷기 시작했다. 3년 후 〈벅스 라이프〉를 시작으로 〈토이 스토리 2〉, 〈몬스터 주식회사〉, 〈니모를 찾아서〉가 연이어 흥행에 성공한 것이다. 특히 〈니모를 찾아서〉는 역대 애니메이션 흥행 1위를 차지했고, 미국에서만 2400만 장의 역대 최고 DVD 판매고를 올렸다. 이어 〈인크레더블〉, 〈라따뚜이〉, 〈월-E〉, 〈토이 스토리 3〉, 〈카〉 등도 모두 흥행하며 라세터의 명성 또한 높아졌다.

이렇게 라세터가 흥행을 거듭하자 주로 셀(Cell) 애니메이션 작업을 하던 디즈니에서 그를 가만 놔둘 리 없었다. 라세터의 픽사 때문에 전통적인 애니메이션 왕국인 디즈니가 몰락한다며 연일 그를 공격하기 시작한 것이다. 라세터는 한 언론에서 유명한 말을 했다.

"제가 셀 애니메이션을 싫어하는 것은 아닙니다. 단지 펜슬 애니메이션을 만드는 게 연필이 아니듯 컴퓨터 애니메이션을 만드는 것도 컴퓨터가 아닙니다. 컴퓨터 애니메이션의 창조자는 아티스트입니다. 예술은 기술에 도전하고 기술은 예술에 영감을 불어넣습니다."

운명의 장난이었을까. 계속해서 흥행 부진을 이어가던 디즈니는 결국 회심의 한 수를 두었다. 바로 픽사를 인수하기로 결정한 것. 2006년의 일이었다. 어마어마한 돈을 지불하고 픽사를 인수한 디즈니의 조건에 존 라세터도 함께 와야 한다는 조항이 있을 정도로 그의 존재는 대단했다.

"세상은 참 아이러니해. 나를 버린 디즈니가 다시 나를 찾다니."

20년 만에 자신을 버렸던 디즈니에 돌아온 그는 기대를 저버리지 않고 또다시 흥행작을 쏟아내기 시작했다. 〈라푼젤〉, 〈주먹왕 랄프〉, 〈겨울 왕국〉 그리고 최근의 〈빅 히어로〉까지.

현재 존 라세터는 월트 디즈니의 CCO(Chief Creative Officer)로 활발한 대외 활동을 하고 있다. 꿈의 왕국 디즈니를 자신의 꿈으로 다시 일으켜 세우고 있다. 〈빅 히어로〉를 제작한 로이 콘리 감독은 내한 기자회견에서 다음과 같은 말로 라세터를 치켜세웠다.

"디즈니가 지난 8년간 정말 큰 발전을 했다고 생각한다. 이 발전은 감독 출신인 존 라세터가 디즈니를 총괄하면서 시작됐다. 존 라세터는 디즈니에 마법을 부렸다. 그는 우리가 보다 더 나은 감독, 작가, 프로듀서, 또 디자이너로 성장할 수 있게 했다. 존 라세터와 함께 일한 이후 디즈니 직원들은 모두 매일 첫날 일하는 것 같은 느낌으로 작업을 하고 있다."

한때 자신을 버린 회사를 원망하며 새 일자리를 찾아다녀야 했던 존 라세터. 하지만 그는 보란 듯이 자신의 능력과 실력을 빌휘해 누구도 넘볼 수 없는 위치를 차지했다. 그는 힘들 때마다 눈물 뒤에는 반드시 웃음이 있을 거라고 믿었다. 무엇보다 자신의 일을 사랑했고, 직업을 인생의 소명으로 여겼다.

"애니메이션은 내게 순수한 기쁨을 가져다주었다. 그래서 매일 출근하는 게 정말 신난다. 이 재미난 걸 돈 받고 하는 게 믿기지 않을 정도다."

모든 위대한 일의 처음은 불가능이었다. 자신의 꿈에 너무 쉽게 '불가능'이라는 딱지를 붙이지 말라.

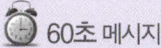 60초 메시지

존 라세터를 만나지 않았다면 아이폰도 없었다

자신이 창업한 애플에서 쫓겨난 스티브 잡스가 존 라세터를 만나지 않았더라면 어떻게 됐을까? 마찬가지로 디즈니에서 쫓겨난 존 라세터가 스티브 잡스를 만나지 않았더라면? 만나야 할 사람은 꼭 만나게 된다는 말이 있다. 이 경우에는 어떤 식으로든 상대에게 도움을 주기 마련이다. 하지만 인생을 살다 보면 만나지 말아야 할 사람을 만날 때도 있다. 이 경우에는 서로에게 생채기만 남기고 헤어지기 쉽다. 그래서 함부로 인연을 맺지 않는 게 상책이다. 억지로 인연을 만들려는 것은 그 마음부터가 정직하지 못하다. 진정한 인연과 스쳐가는 인연을 구분하지 못하면 결국 피해는 고스란히 자신에게 돌아온다.

"가장 아름다운 만남은 손수건 같은 만남이다.
힘이 들 때는 땀을 닦아주고
슬플 때는 눈물을 닦아주니까."
정채봉

세상에서 가장 아름다운 판결

한 앳된 소녀가 법정에 섰다. 오토바이를 훔쳐 달아난 혐의로 체포된 여고생이었다. 판사가 뜻밖의 판결을 내렸다.
"피고에게 불처분 결정을 내립니다."
깜짝 놀란 소녀는 재판관을 쳐다봤다.
"단 한 가지 조건이 있습니다. 피고는 자리에서 일어나 제 말을 따라해보세요."
소녀가 벌떡 일어났다. 판사가 외쳤다.
"나는 이 세상에서 가장 멋있게 생겼다."
예상치 못한 판사의 요구에 소녀는 머뭇거렸다. 판사는 더욱 큰 목소리로 외쳤다.
"나는 무엇이든지 할 수 있다. 나는 이 세상에 두려울 게 없다. 이 세상에 나는 혼자가 아니다. 피고, 얼른 제 말을 따라 해보세요."

그제서야 큰 목소리로 판사의 말을 따라 하던 소녀가 "이 세상에 나는 혼자가 아니다"라고 외칠 때 참았던 울음이 터졌다.

소녀는 중학교 때만 해도 공부를 잘했다. 꿈도 있었다. 간호사가 되어 아픈 이들을 감싸고 보살피는 것. 하지만 남학생들에게 끌려가 집단 성폭행을 당한 뒤 소녀의 삶은 뒤틀렸다. 충격을 받은 소녀의 어머니는 신체 일부가 마비되었고, 죄책감과 수치심에 시달리던 소녀는 결국 비행 청소년들과 어울리며 범행을 저지르기 시작했다.

판사는 법정 안에 있는 참관인들에게 말했다.

"이 아이는 가해자로 여기에 왔습니다. 그러나 이 아이의 삶이 이렇게 망가진 이유를 알면 누가 가해자라고 쉽게 말할 수 있을까요? 아이의 잘못이 있다면 자존감을 잃어버린 것입니다. 그러니 스스로 자존감을 찾게 하는 처분을 내려야 합니다."

이어 판사는 울고 있는 소녀에게 다가가 말했다.

"이 세상에서 누가 제일 중요할까? 그건 바로 너야. 그 사실만 잊지 않으면 돼. 마음 같아선 널 꼭 껴안아주고 싶지만 우리 사이에 법대가 가로막고 있어 이 정도밖에 못해주겠다."

판사는 두 손을 뻗어 소녀의 손을 꼭 잡았다.

위 이야기는 2010년 서울 서초구 소년 법정에서 일어난 실화이며 이날 재판관은 김귀옥 부장판사였다.

누군가의 아픔을 어루만져준다는 건 그 사람의 영혼을 감싸는 것이다. 진정한 위로는 방향까지 제시한다.

여름,
하루는 지나가는 것이 아니라
쌓이는 것이다

Today is the first day of the rest of your life

당신의 인생을 사랑하십니까?
그렇다면 시간을 낭비하지 마십시오.
인생이라는 것은 오직 시간으로 이루어져 있습니다.
세월이 흐른 뒤 보면 어떤 사람은 뛰어나고
어떤 사람은 낙오자가 되어 있습니다.
이 두 사람의 거리는 좀처럼 좁힐 수 없습니다.
이것은 하루하루 주어진 시간을 잘 이용했느냐
이용하지 않고 허송세월을 보냈느냐에 달려 있습니다.

벤저민 프랭클린(Benjamin Franklin)

......

자신이 꼭 하고 싶은 일,
이게 아니면 안 될 것 같은
뭔가가 있다면 반드시 이룰 수 있다.
나를 본보기로 삼아 일어서라.
실패란 추락하는 것이 아니라
추락한 채로 있는 것이다.

죄수에서 미국 최고의 요리사가 된 제프 헨더슨

다른 사람에게서
내 미래상을 찾을 순 없다

"피고에게 징역 235개월을 선고합니다."

판사의 재판봉 소리가 장내에 울리자 여기저기서 웅성거리는 소리가 들렸다. 유례 없는 높은 형량이었다. 피고인 제프 헨더슨은 얼굴을 감싸 쥐었다. 235개월이라면 19년 7개월 동안 감옥에서 보내야 한다는 이야기였다. 그건 현재 스물네 살인 제프가 마흔 중반이 되어서야 세상 빛을 보게 된다는 의미이기도 했다.

'다시는 할아버지 할머니를 볼 수 없겠지. 내 아들이 자라는 모습도 볼 수 없을 거야. 내 앞에 무엇이 놓여 있는지, 어디로 가는지 알 수가 없구나. 이제 내겐 꿈도 희망도 없어.'

제프의 머릿속에는 어린 시절부터 현재까지의 일들이 주마등처럼 지나갔다.

1964년 LA 사우스센트럴의 가난한 흑인 동네에서 태어난 제프의 환경은 최악이었다. 동네의 대부분 아버지들은 감옥에 갔고, 대부분 어머니들은 마약에 중독되어 있었다. 하루라도 조용한 날이 없을 정도로 사건 사고가 빈번하게 일어나는 환경에서 제프는 태어났다.

제프는 한 살 무렵 부모의 이혼으로 홀어머니 밑에서 어렵게 생활하며 도둑질을 일삼기 시작했다. 당시 제프의 어머니는 조선소에서 일하고 있었다. 얼마 되지 않는 여자들 중에서도 제프의 어머니는 유일한 흑인이었다. 백인 남자들은 어머니가 보는 앞에서 오줌을 누기도 하고 인종차별적이고 성적인 농담을 일삼았다.

"조선소의 백인놈들은 언젠가 내게 지은 죗값을 치르게 될 거야."

어머니는 제프 앞에서 자주 눈물을 흘렸다. 그때부터 제프의 마음속에는 백인들에 대한 증오와 분노가 자라났다.

'나 같은 흑인은 이 사회에서 차별과 멸시를 받도록 태어났어. 내가 그들의 코를 납작하게 만드는 것은 돈을 많이 벌어서 부자가 되는 길밖에 없어. 지금부터 내 꿈은 부자가 되는 거야.'

새로운 길을 찾아 나선 가족이 정착한 곳은 샌디에이고였다. 제프는 여기서 마약의 세계에 발을 들여놓게 되었다. 배운 것도 없고 가진 것도 없는 가난한 흑인이 가장 빨리 돈을 벌 수 있는 방법은 마약이라는 것을 제프는 LA 시절부터 알고 있었다. 그 무렵 제프의 눈에 이상이 생겼다.

"얼른 치료하지 않으면 한쪽 눈을 잃게 될지도 모릅니다."

의사의 말을 무시한 채 제프는 일에만 몰두했다. 그리고 몇 개월 후 한쪽 눈이 영구 실명되었다. 제프는 아랑곳하지 않고 마약을 직접 제조하고 거래하기 시작했다. 부자가 되기만 한다면 한쪽 눈은 없어도 된다고 생각할 정도로 제프의 집념은 강했다. 몇 년 후 그는 샌디에이고 최고의 마약 딜러가 되었다.

많은 돈을 손에 쥔 제프는 비싼 차와 향락을 일삼았다. 세상이 다 자신의 발밑에 있는 것 같았다. 자신이 판매한 마약 때문에 각종 범죄가 일어나는 것을 지켜봤지만 어떠한 죄책감도 없었다. 이렇게 차곡차곡 돈을 쌓아가고 있을 무렵 제프는 경찰에 체포되어 19년 7개월의 형을 받기에 이르렀다. 제프의 꿈과 희망이 모두 사라지는 순간이었다.

교도소에 갇힌 제프는 절망 속에서 하루하루를 보냈다. 무기력과 우울증이 제프의 몸을 감쌌다. 그러던 어느 날 간수가 제프 앞에 나타났다.

"자네가 북쪽 마당 담당자인가?"

"네. 무슨 일이죠?"

"벌써 며칠째 청소를 하지 않았더군. 마당을 쓰레기장으로 만들어 놓다니. 자넨 오늘부터 주방에서 일하게. 설거지라면 제대로 할 수 있겠지?"

그날부터 제프는 주방에서 설거지를 하기 시작했다.

"빌어먹을. 샌디에이고 최고의 마약 딜러가 기껏 설거지나 하고 있다니."

하루 세 번씩 재소자 1500명을 위해 설거지를 하는 것은 벅차고 힘든 일이었다. 자신의 처지를 한탄하며 설거지를 하고 있던 어느 날, 제프의 눈에 한 남자가 들어왔다. 빅 로이라는 이름의 사내였다. 다른 조리사들과 함께 빠르고 현란하게 요리를 하고 있었다. 빅 로이가 요리하는 모습이 마치 오케스트라 지휘자의 모습처럼 거룩하고 경건하게 느껴졌다.

'누군가를 위해 요리를 한다는 것이 저렇게 멋있을 줄이야. 그동안 나는 음식을 먹을 줄만 알았지 만들 줄은 몰랐어. 그래 바로 저거야. 나는 오늘부터 요리를 배울 거야.'

그날부터 제프는 시간 날 때마다 빅 로이를 비롯한 다른 조리사들을 지켜봤다. 설거지를 하면서도 항상 요리를 생각했다. 빅 로이의 요리법을 적어두었다가 밤에 수용실에서 다시 읽었다. 수용실의 작은 램프 불빛 아래에서 요리법의 순서를 되새기고 또 되새기며 달달 외웠다. 그렇게 노력한 덕분일까. 조리사 자리에 공석이 생기자 제프는 얼른 그 자리를 꿰찼다.

태어나서 처음으로 요리를 하기 시작한 제프는 재미와 보람을 느꼈다. 각종 재료가 어울려 하나의 요리가 되는 것이 신기하고 경이로웠다. 아울러 삶에도 변화가 생겼다. 훗날 제프는 그때의 심정을 이렇게 회고했다.

"뜨거운 증기에 살갗이 데이고 갈라질 때 동료 재소자들을 둘러보며 나는 방탕했던 과거의 삶과 지금의 삶을 비교해보았다. 그리고 마침내 이 나라가 나를 어떤 모습으로 바라보는지 알아차렸다. 나는 그저 저급한 범죄자에 불과했다. 아니 그보다 더 심했다. 내가 평생 저질러온 잘못들이 고통스럽기 시작했다. 주방은 내게 그것을 정면으로 바라보게 했다. 아무 잘못도 하지 않은 척하는 내 위선을 중단시켰다. 이제 더는 숨거나 외면할 수 없었다. 나는 앞으로 움직여야 했다. 이런 생각들이 항상 나를 주방에 붙어 있게 몰아붙였다."

어느 날 어머니가 면회를 왔다.

"제프, 지내기에 어때? 뭐 불편한 건 없고? 괴롭히는 사람은 없니? 아이고, 불쌍한 내 아들."

어머니가 울먹이자 제프는 웃으며 말했다.

"엄마, 전 아주 좋아요. 주방에서 요리를 하고 있어요. 지금은 요리사가 되기 위해 공부하는 중이고요. 제게는 꿈이 있어요. 그건 죗값을 치르고 출소한 후 멋진 레스토랑을 여는 거예요. 거기서 맛있고 멋있는 요리를 많이 만들 거예요."

제프의 목소리는 그 어느 때보다 자신감에 차 있었다. 그는 요리 실력을 쌓아가는 동시에 사회에 나가 요리사가 될 수 있는 방법에 관한 책을 읽기 시작했다. 아직 수없이 많은 날이 남은 앞날의 일이었지만 왠지 가까운 미래처럼 느껴졌다. 꿈이 있었기에 외롭지 않았고, 꿈이 있었기에 하루하루가 즐거웠다. 체포된 후 모든 것을 포기했던 제프의 마음속에 이제 새로운 꿈이 무럭무럭 자라고 있었다. 그렇게 10년이라는 세월이 흘렀다.

"제프, 그동안 고생 많았어. 다시는 이곳에서 만나지 않기를 바라네. 부디 자네의 소망처럼 멋진 요리사가 되게."

교도관이 제프의 짐을 건네주며 말했다. 감형되어 10년 만에 세상의 빛을 보는 순간이었다. 제프는 감격에 겨워 교도관의 손을 잡으며 말했다.

"그동안 감사했습니다. 제가 요리사로 성공하면 꼭 한 번 초대하겠습니다."

제프는 석방 후 로스앤젤레스의 한 레스토랑에서 접시닦이를 시작으로 본격적인 요리사 경력을 쌓기 시작했다. 요리는 제프에게 삶을 다시 시작하게끔 만든 희망의 다른 이름이었다. 제프는 그 기회를 놓치지 않기 위해 최선을 다했다. 흑인 전과자라는 단점을 덮을 수 있도록 노력했고, 더 많은 것을 배우기 위해 밤낮으로 일했다.

제프의 노력은 헛되지 않았다. 어느새 그의 요리 실력이 소문을 타기 시작했다. 많은 곳에서 그를 필요로 했다. 덕분에 제프는 메리어트 호텔, 리츠 칼튼 호텔, 벨 에어 호텔, 레르미타주 호텔의 주방에서 자신의 커리어를 하나둘씩 쌓아가기 시작했다. 그후 시저스 팰리스 호텔 최초의 흑인 주방장으로 발탁된 데 이어 미국 테이스팅 협회 선정 2001년 최고의 요리사상 수상의 영광을 안았다. 기적은 여기에서 끝나지 않았다.

"오 마이 갓! 이게 꿈이야, 생시야."

제프는 마침내 세계적으로 유명한 벨라지오 호텔 총주방장이 됨으로써 라스베이거스의 새 역사를 만들었다. 흑인으로는 최초였다. 우리에게 드라마 〈올인〉과 영화 〈오션스 일레븐〉으로 잘 알려진 벨라지오 호텔의 총주방장이 되었다는 것은 그가 미국 최고의 요리사라는 것을 의미했다.

19년 7개월 형을 선고받은 죄수가 미국 최고의 요리사로 성공한 감동적인 인생 대역전 드라마가 알려지자 사람들의 시선이 몰렸다. 〈오프라 윈프리 쇼〉와 〈굿모닝 아메리카〉에 출연해 시청자들에게 희망의 불씨를 안겨준 제프는 이렇게 말했다.

"교도소 생활을 돌이켜보면 나는 내가 체포된 게 아니라 구제받았다는 것을 깨달았습니다. 교도소에서 내가 누군지 알았고 인간이 됐습니다. 그들 가운데 한 명이 내게 말했습니다. '네 길을 찾는 것은 너 자신에게 달렸어. 다른 사람에게서 네 인생의 미래상을 얻을 수는 없어.' 그 말을 지금도 잊을 수 없습니다."

제프는 지금 푸드네트워크라는 방송사에서 자신의 이름을 건 〈셰프 제프 프로젝트〉라는 프로그램을 운영하고 있다. 아울러 이 프로그램을 통해 과거 자신과 같은 길을 걷고 있는 청소년들을 올바른 길로 이끌기 위해 애쓴다.

"자신이 꼭 하고 싶은 일. 이게 아니면 안 될 것 같은 뭔가가 있다면 반드시 이룰 수 있다. 나를 본보기로 삼아 일어서라. 실패란 추락하는 것이 아니라 추락한 채로 있는 것이다."

제프의 인생 역전 이야기는 윌 스미스가 주연을 맡은 영화로도 제작될 예정이다. 제프는 이제 미국 전역의 고등학교, 대학교, 도서관, 교도소 등으로 강연을 다닌다. 최악의 실수조차도 능히 극복할 수 있다는 것을 보여주기 위해 몸소 어렵게 터득한 지혜를 청소년들과 함께 나눈다.

자신의 꿈이 가리키는 방향으로 꾸준히 나아가라. 꿈꾸던 삶을 살기 위해 노력하라. 그러면 어느 날 문득 예기치 않은 성공과 만날 것이다.

 **60초 메시지**

공짜로 얻을 수 있는 꿈은 없다

꿈은 자신의 미래에 투자하는 것이다. 투자란 밭에 씨를 뿌리는 일과 같다. 씨를 뿌리려면 잡초를 걷어내고 거름을 주고 정성껏 가꾸어야 한다. 잊지 말아야 할 것은 큰 수확을 이루기 위해서는 일정한 대가를 치러야 한다는 것이다. 대가 없이 이룰 수 있는 것은 이 세상에 하나도 없다.

꿈을 이루는 과정에서 잡초가 되고 있는 것은 무엇인지 파악하고 어떤 거름을 주어야 꿈이 무럭무럭 자라는지 스스로 터득해야 한다. 잡초가 무성한 밭에서는 아무것도 얻을 수 없다. 거저 얻는 이득은 꿈도 꾸지 말라.

"자신의 꿈이 가리키는 방향으로 꾸준히 나아가면
그리고 꿈꾸던 삶을 살기 위해 노력하면 어느 날
문득 예기치 않은 성공과 만날 것이다."

헨리 데이비드 소로(Henry David Thoreau)

......

꿈 있는 삶이 모든 걸 가진 삶보다 낫죠.
무언가를 간절히 원해야만 삶의 의미가 생겨요.
가치도 있고요. 모든 걸 다 가진 그 순간부터
또 다른 것의 의미를 구해야만 하죠.
이제껏 전 빈손으로 모든 걸 갈구했지만
이젠 모든 걸 얻었고 원하는 게 없어요.

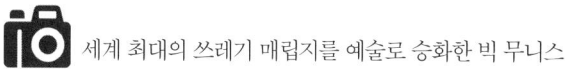 세계 최대의 쓰레기 매립지를 예술로 승화한 빅 무니스

꿈 있는 삶이
모든 걸 가진 삶보다 아름답다

축구와 삼바로 유명한 브라질. '지구의 허파'로 불리는 아마존 강을 비롯해 세계에서 다섯 번째로 넓은 영토와 인구를 가진 나라. 한때 브라질의 수도였으며 세계 3대 미항(美港)으로 꼽히는 리우데자네이루 외곽에는 '자르딤 그라마초'라는 세계 최대 규모의 쓰레기 매립지가 있다. 이곳은 매일 7000톤의 쓰레기가 버려진다. 이 거대한 쓰레기 더미에서 재활용 쓰레기를 주워 생계를 유지하는 사람들을 '카타도르'라 부른다. 카타도르(Catador)란 스페인어로 '벌꿀을 채취하는 사람'이라는 뜻이다. 벌꿀이 꽃에서 꿀을 모으는 것처럼 이들 역시 남들이 쓰다 버린 쓰레기를 모으며 하루하루를 살아간다.

그라마초에는 3000여 명의 카타도르가 있다. 트럭이 도착하면 벌 떼처럼 모여들어 쓰레기 더미에서 필요한 물품을 주워 담는다. 간혹 트랙터에 부상을 당하기도 하고 쓰레기 더미에서 갓난아이의 시신을 발견해 기절하는 일도 있다.

사람들의 눈에는 비참한 인생으로 보이지만 이들에게는 자부심이 있다. 쓰레기 냄새가 진동하고 앞이 보이지 않을 정도로 먼지가 날리는 열악한 작업 환경이지만 땀 흘리는 정직한 노동으로 살아간다는 것. 도심의 다른 빈민자처럼 마약, 갱단, 매춘에 종사하지 않고 오직 자신의 육체로 돈을 모은다는 것.

이 황량한 터전에 어느 날 한 남자가 카메라를 들고 나타난다. 남자의 이름은 빅 무니스(Vik Muniz). 브라질 출신의 가난한 소년에서 세계적인 예술가로 성공한 빅의 등장으로 그라마초 사람들은 서서히 변해간다. 그리고 그들의 이야기는 다큐멘터리로 제작되어 전 세계 사람들에게 깊은 감동을 전해주었다.

"땅!"

1998년 브라질의 상파울루 거리에서 한 발의 총성이 울렸다. 총소리에 놀란 사람들은 황급히 자리를 피했다. 총상을 입은 빅 무니스의 왼쪽 허벅지에서 피가 분수처럼 흘러내렸다. 길 건너편에서 총을 쏜 사내가 달려와 무니스의 가슴에 총을 겨누었다.

"자… 잠시만요."

무니스는 황급하게 손으로 제지했다.

"제가 아니에요. 아까 당신과 싸운 사람은 저쪽으로 갔다고요."

총을 쏜 사내가 무니스를 쳐다봤다. 그제야 사내의 눈에 공포로 가득한 어린 소년의 모습이 들어왔다.

"오 마이 갓! 내가 엉뚱한 사람을 쐈구나."

사내는 황급히 택시를 불러 무니스를 병원으로 데려갔다. 수술을 무사히 마친 무니스에게 사내가 말했다.

"미안하구나. 내가 너무 흥분해서 착각을 했다. 이 빚을 어떻게 갚아야 할지 모르겠구나. 원하는 것이 있으면 뭐든 말하렴. 내 다 들어주마."

사내는 상파울루에서도 알아주는 부자였다. 반면 무니스는 가난한 집안의 아들이었다. 비가 오면 물이 새는 집에서 살았던 무니스의 꿈은 뉴욕에 가서 공부하는 것이었다. 몇 번의 망설임 끝에 무니스는 자신의 꿈에 대해 말했다.

"그런 멋진 꿈이 있었구나. 그래, 걱정 말거라. 내가 너의 꿈을 도와주마."

예기지 않은 행운 덕분에 무니스는 꿈에 그리던 뉴욕으로 날아갔다. 그곳에서 누구보다 열심히 일하고 공부한 끝에 뉴욕 대학교에 진학할 수 있었다. 어릴 때부터 그림과 사진을 좋아했던 무니스는 연극무대미술학과를 졸업한 후 본격적으로 예술 활동을 시작했다.

무니스의 예술 작업은 독특했다. 당시 한 미술관에서 전시회를 열었을 때 그를 소개한 프로필에는 다음과 같이 적혀 있었다.

"빅 무니스는 일상적 소재의 작품을 사진으로 남긴다. 그는 뉴욕을 터전으로 대담하고 재기 발랄한 이미지를 보여주며 흙, 다이아몬드, 철사, 설탕 등 고정관념을 깨는 소재들로 작품을 만든다."

무니스가 이런 예술 사진을 찍기 시작한 것은 우연한 기회에 캐리비안 세인트키츠 섬 아이들을 만난 덕분이었다. 해변가에서 만난 아이들은 티 없이 밝았다. 강렬한 태양 아래에서 벌거벗고 뛰어노는 아이들의 모습에 무니스는 매료된 듯이 셔터를 눌렀다.

"저 천사 같은 아이들이 뛰어 노는 이곳이 바로 낙원이구나."

무니스가 계속 사진을 찍자 한 소녀가 웃으면서 말했다.

"아저씨, 우리 농장에 놀러 가지 않을래요? 그곳에 가면 더 멋진 것들이 많아요."

아이들은 무니스의 손을 이끌고 농장으로 갔다. 소녀의 말대로 그곳은 멋진 풍경으로 가득했다. 수십만 평의 사탕수수밭이 끝이 안 보일 정도로 늘어서 있었다. 아이들은 다름 아닌 그 농장 일꾼들의 아들딸이었다. 무니스는 사탕수수밭과 아이들을 배경으로 여러 장의 사진을 찍었다. 아이들은 카메라가 신기한지 다양한 표정과 제스처를 취해 무니스를 기쁘게 했다.

"집이 어디니? 물 한 잔 얻어 마실 수 있을까?"

소녀의 집으로 간 무니스는 부모들의 얼굴을 보곤 깜짝 놀랐다. 티 없이 밝고 유쾌한 아이들과 달리 부모들은 슬픔과 피곤에 찌든 얼굴을 하고 있었다. 하루 16시간의 중노동으로 얼굴은 검게 그을렸고 몸은 뼈만 앙상하게 남았다.

며칠 뒤 뉴욕행 비행기에 오른 무니스의 무릎 위에는 아이들이 활짝 웃는 사진이 놓여 있었다. 마음이 아프고 답답했다.

'이렇게 티 없이 밝은 아이들도 점차 웃음을 잃어가겠지. 자신의 부모들과 똑같이 사탕수수밭에서 하루 16시간 동안 일하면서 말이야. 그들의 부모도 한때는 행복한 아이들이었을 거야. 도대체 무엇이 그 부모들에게서 웃음과 행복을 빼앗아갔을까?'

생각에 잠긴 무니스는 그 모든 원인이 설탕이라는 것을 깨달았다.

'그래, 설탕 때문이야. 사람들에게 달콤함을 주는 설탕을 얻기 위해 그들은 달콤한 행복을 빼앗긴 거야.'

뉴욕으로 돌아온 무니스는 설탕으로 아이들의 얼굴을 그리기 시작했다. 흰 설탕과 검은 설탕을 이용해 그림을 그리니 입체감이 살아났다. 그런 후 카메라로 사진을 찍었다. 사진에는 〈설탕 아이들 Sugar Children〉이라는 제목을 달았다.

사진을 본 사람들의 입에서 탄성이 쏟아졌다. 겉보기엔 아름답고 달콤한 설탕 그림이지만 그 뒤에 숨겨진 아이들의 고통스러운 노동을 생각하면 결코 달콤하지 않은 감정을 느끼기 때문이다. 이렇게 예술의 본질에 철학적 깊이가 더해져 보는 사람마다 눈물을 흘리곤 했다. 이 같은 무니스의 실험 정신과 도전은 〈뉴욕 타임스〉에 대서특필되면서 사람들의 찬사를 받았다. 급기야는 뉴욕 현대미술관 사진 전시에 초청을 받았다. 빅 무니스의 이름이 뉴욕을 시작으로 전 세계로 퍼지는 순간이었다.

〈설탕 아이들〉로 일약 세계 예술계의 주목을 받기 시작한 무니스는 그날부터 새로운 시도를 했다. 바로 음식을 이용해 세계적으로 유명한 명화를 패러디하고 재해석하기 시작한 것이다.

가령 레오나르도 다 빈치의 〈모나리자〉를 딸기잼과 땅콩잼만으로 그려내기도 하고, 초콜릿 시럽으로 프로이트의 초상화를 그리기도 했다. 남은 스파게티와 접시를 이용해 머리에 수십 마리의 뱀을 이고 있는 메두사를 표현한 작품도 유명세를 탔다. 음식 재료도 무니스의 손에 들어가면 바로 예술 작품으로 변했다. 초콜릿, 캐비어, 케첩 등의 음식 재료뿐만 아니라 잡지를 오린 조각들과 미술관에서 모은 먼지 등도 그에게는 작품 재료였다. 무니스는 그림을 그리고 사진을 찍는 게 아니라 익숙한 물질로 다양한 장면을 연출해 예술로 재탄생시켰다. 그리고 이런 멋진 말을 남겼다.

"물질은 존재 자체로 의미를 보인다."

세계적인 명성을 얻은 무니스는 뉴욕 현대미술관을 시작으로 뉴욕 구겐하임 미술관, 뉴욕 히트니 미술관, 영국 BALTIC 현대미술센터, 파리 오르세 미술관, 워싱턴 시애틀 미술관, 몬트리올 현대미술관 등 수많은 미술관에서 전시회를 열었다. 미국이나 유럽뿐만 아니라 아시아와 남미까지 그의 인기는 식을 줄 몰랐다. 한국에서도 몇 차례 전시회를 가졌다.

무니스는 여기에서 멈추지 않았다. 새로운 재료를 찾기 위해 수많은 곳을 답사하고 인터넷에서 정보를 얻었다. 그러던 어느 날, 무니스는 쓰레기를 버리기 위해 쓰레기 봉투를 들고 가다 문득 영감이 떠올랐다.

'난 그동안 순수예술의 영역을 조금 더 벗어나려고 노력했어. 주위에서 늘 접하는 재료로 내 생각을 표현했지. 이번에는 좀 더 벗어나 보자. 내 관점을 깨자. 아무도 하지 않던 것을 하자. 이번 내 작품의 소재는 바로 이거, 쓰레기야!'

그날부터 무니스는 쓰레기를 소재로 작품을 만들기로 결심했다. 그가 쓰레기를 재료로 삼으려 한 데는 초기 뉴욕 시절의 경험도 한몫했다. 당시 그는 대형 마트에서 일했는데, 쓰레기를 치우는 일이 주 업무였다. 무니스는 트럭이 남기고 간 고기 찌꺼기를 온종일 삽으로 퍼내며 역겨움을 억눌러야 했다.

재료를 쓰레기로 정하자 작업할 장소가 필요했다. 그날부터 무니스는 동료들과 함께 적당한 작업 장소를 물색했다. 수많은 장소가 후보에 올랐지만 무니스는 성이 차지 않았다.

"차라리 쓰레기 매립장에서 작업을 하는 게 어떨까?"

무니스가 농담처럼 던진 한마디가 그의 인생의 전환점이 되었다. 며칠 후 동료가 브라질 자르딤 그라마초의 항공 영상을 보내왔다. 무니스의 조국이기도 한 브라질의 쓰레기 매립장을 찍은 화면은 끔찍한 장면으로 가득했다. 넓디넓은 황야에 쓰레기 더미가 산처럼 쌓여 있고, 하늘에는 까마귀 떼들이 가득했다. 그 옆에서 사람들이 쓰레기를 줍고 있었다. 무니스는 가슴이 아팠다.

'왜 저 사람들은 저기서 쓰레기를 줍고 있을까? 왜 좀 더 나은 일을 찾지 못하는 거지.'

단순히 쓰레기를 재료 삼아 작품을 만들려고 했던 무니스는 그 순간 생각을 바꿨다.

'난 그동안 새로운 재료를 찾는 데만 급급했어. 하지만 세상에서 가장 좋은 재료는 인간 그 자체가 아닐까. 왜 나는 그 생각을 못했던 거지. 그래, 바로 저거야. 저 사람들의 이야기를 들어보자. 저곳에서 내가 할 수 있는 일이 있을 거야.'

며칠 후 브라질로 간 무니스는 카타도르 협회장을 맡고 있는 티앙 산투스를 만났다. 산투스는 열한 살 때부터 카타도르 생활을 하고 있는 젊은 청년이었다. 무니스는 자신이 브라질의 빈민 가정에서 태어났으며 지금은 예술가로 활동하고 있다고 소개했다. 그리고 이곳 쓰레기 매립지에서 일하고 있는 카타도르를 모델로 작품을 만들고 싶다고 이야기했다.

"빅, 우리 카타도르들은 쓰레기를 줍는 게 아니에요. 다시 사용할 수 있는 재활용품을 줍는 거죠."

"죄송합니다. 정정할게요."

"괜찮아요. 사람들이 우리를 어떤 시각으로 보고 있는지 아니까요. 근데 왜 우리죠? 그리고 우리한테는 어떤 이득이 있는 거죠?"

남미 특유의 낙천성이 몸에 밴 산투스가 물었다.

"카타도르들이 어떤 생각으로 일하고 있는지 궁금해요. 솔직히 자랑스러운 직업은 아니잖아요. 그들의 모습을 있는 그대로 앵글에 담고 싶어요. 그게 제 일이니까요. 이곳에서 만든 작품을 경매 시장에 내놓을 거예요. 모든 수익금은 협회에 기증하겠습니다. 그 돈으로 이곳이 좀 더 발전했으면 좋겠습니다."

산투스가 웃으면서 말했다.

"작업은 언제부터 시작하실 거죠?"

무니스가 쓰레기 매립장에서 카타도르를 대상으로 작품을 만든다는 소식이 퍼졌다. 평소 친분이 있던 유명 다큐멘터리 감독 루시 워커도 이 얘기를 들었다.

"무니스 이번 프로젝트에 나도 끼워줘."

"이건 사진 작업이야. 다큐멘터리 작가는 필요 없다고."

"들어봐. 난 너를 따라다닐 거야. 네가 이 다큐의 주인공이라고. 난 네가 어떻게 카타도르들과 작업하는지 처음부터 끝까지 기록할 거야. 이 일은 너에게도 나에게도 카타도르들에게도 의미 있고 가치 있는 일이 될 거야."

며칠 후 무니스와 루시 워커는 함께 브라질에 도착했다.

무니스는 그날부터 카타도르들과 함께 생활하며 그들의 이야기에 귀를 기울였다. 카타도르들은 처음에는 무니스를 탐탁지 않게 여겼지만 그의 진심을 알고 서서히 마음의 문을 열었다.

'그들의 삶 속으로 좀 더 들어가야 해. 피사체를 이해하지 못하고 애정이 담기지 않으면 그건 죽은 거나 마찬가지야.'

무니스는 모델들의 삶에 초점을 맞춰 다양한 인물 사진을 촬영했다. 처음에는 며칠 정도로 작업 기간을 잡았지만 몇 개월이 훌쩍 지나갔다.

한 명의 인물 사진을 완성할 때마다 작업장 바닥에 투사해 넓게 펼쳤다. 초등학교 운동장만 한 넓이였다. 사진을 드로잉한 다음에는 재활용 쓰레기들을 이용해 콜라주 형식의 독특한 작품을 만들었다. 카타도르의 인물 사진과 쓰레기들이 함께 어울려 장관을 이루었다. 그리고 천장에 미리 마련해둔 대형 카메라로 사진을 찍었다.

각기 다른 사연을 가진 카타도르들이 차례차례 무니스의 모델이 되었고, 수많은 재활용 쓰레기들을 재료로 사용했다. 작업 후에는 쓰레기들을 다시 분류해 재활용 업체에 팔았다. 루시 워커는 이 모든 장면을 빠뜨리지 않고 카메라에 담았다. 사진 작업은 어느새 2년을 훌쩍 넘겼고, 그들 모두에게 변화가 찾아왔다.

가장 큰 변화를 겪은 것은 카타도르 모델들이었다. 그들은 무니스와 작업하면서 쓰레기 속에 묻어두었던 꿈과 희망 그리고 인간의 존엄성을 되찾았다. 한 카타도르 모델은 이렇게 말했다.

"예전엔 쓰레기 매립지에서 일하는 게 수치스럽다고 생각했어요. 제 가족에게 그걸 숨기려 했고요. 하지만 빅 무니스와 일한 뒤엔 누구에게나 당당히 제 일을 밝히죠. 제 삶의 부분이니까요. 이젠 창피하지 않아요"

카타도르 모델들은 새로운 인생을 찾아가거나 쓰레기 매립장을 좀 더 나은 곳으로 만들기 위해 변화를 시도했다. 몇몇은 TV쇼에 나갈 정도의 유명 인사가 되기도 했고 몇몇은 가족의 품으로 돌아가기도 했다. 변한 것은 카타도르들뿐이 아니었다. 빅 무니스 또한 인생의 큰 변화를 겪었다.

"요즘은 단순한 눈으로 세상을 봐요. 소유에 대한 욕구도 예전 같지 않고요. 가난할 땐 물질적인 것에 집착했죠. 많이 갖고 싶었고요.

열등감에서 벗어나려고 별걸 다 샀죠. 누군가를 도울 방법을 찾는 제가 교만하게 느껴졌어요. 누가 누굴 도와요? 작업으로 도움을 받은 건 그들이 아니라 저였죠. 삶이 엉망으로 꼬여도 그들처럼 이겨내야죠. 아름답고 훌륭한 사람들이잖아요. 그저 행운이 안 따랐을 뿐이죠. 하지만 이젠 바뀔 거예요."

2년에 걸쳐 4톤의 쓰레기로 완성된 거대한 작품들은 세계적인 히트를 쳤다. 이들의 삶을 찍은 루시 워커의 다큐멘터리 〈웨이스트 랜드 Waste Land〉는 베를린, 선댄스, 암스테르담, 밴쿠버 등에서 상을 수상했다.

2013년 4월 4일 세상을 떠난 영화비평가 로저 에버트는 이 다큐멘터리를 보고 "힘든 삶을 살고 있지만 꼭 필요한 일을 하고 있는 카타도르들을 통해 진정한 행복은 정직하고 가치 있는 일을 할 때 찾을 수 있다는 것을 생각하게 만드는 영화다"라고 호평했다.

빅 무니스의 회고전은 100만 명 넘게 찾아와 피카소의 뒤를 잇는 흥행 기록을 세웠다. 무니스는 쓰레기로 만든 작품을 더 판매해 25만 달러를 모금했다. 기부금과 티앙 산부스의 노력 덕분에 카타도르 협회는 트럭을 구매하고 교육 센터를 오픈했다.

빅 무니스는 인터뷰에서 이렇게 말했다.

"꿈 있는 삶이 모든 걸 가진 삶보다 낫죠. 무언가를 간절히 원해야만 삶의 의미가 생겨요. 가치도 있고요. 모든 걸 다 가진 그 순간부터 또 다른 것의 의미를 구해야만 하죠. 이제껏 전 빈손으로 모든 걸 갈구했지만 이젠 모든 걸 얻었고 원하는 게 없어요."

세계 최대의 쓰레기 매립지에서 탄생한 거짓말 같은 이야기. 그건 희망이 기적으로 변하는 경이로움을 우리에게 선사한다.

진정한 행복은 힘들지만 꼭 필요한 일을 하고 있을 때 찾아온다. 삶의 진정한 가치는 순간 순간을 낭비하지 않는 것이다.

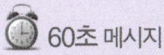 60초 메시지

기적을 바라긴 하되 기적에 의존하지는 말라

《탈무드》에 나오는 말이다. 우리는 간혹 기적을 꿈꾼다. 금전적으로 어려워 막다른 골목에 몰리면 로또 맞는 기적을 꿈꾸기도 하고, 시한부 선고를 받으면 건강이 회복되는 기적을 꿈꾸기도 한다. 기적은 좀처럼 일어나지 않는다. 하지만 인간에게는 누구나 기적을 일으킬 힘이 잠재되어 있다. 그것을 믿고 실행하는가 그렇지 않는가에 달려 있을 뿐이다.

아인슈타인은 "당신은 기적이 없는 것처럼 살 수도 있고, 모든 것이 기적인 것처럼 살 수도 있다"고 했다. 결국 기적이라는 것도 마음 먹기에 달려 있다는 뜻이다. 오늘에 충실하라. 오늘이 바로 그 기적의 날일지도 모르니.

> "제가 하는 일은 바다의 물 한 방울에 지나지 않습니다. 하지만 아무 일도 하지 않으면 그 한 방울의 물도 생기지 않겠지요."
> 마더 테레사(Mother Teresa)

....

친구들은 처음엔 나를 노숙자라 놀렸지만
이젠 존중하기 시작했습니다.
전 한 번도 가난을 핑계 대지 않았습니다.
가난이 결코 변명거리가 되지 못한다고 생각했습니다.

노숙자에서 하버드 장학생이 된 카디자 윌리엄스

가난이 죄가 아니라
꿈이 없는 게 문제다

"으앙!"

뉴욕 브루클린에서 한 아기가 세상을 향해 힘찬 울음소리를 터트렸다. 하지만 사랑받고 축복받아야 할 아기는 차가운 바닥에서 엄마와 처음 눈을 맞췄다.

"불쌍한 우리 딸."

아빠의 얼굴은 어디에도 보이지 않았다. 엄마의 나이 열네 살. 아빠가 누구인지도 모르는 사생아였다.

어린 모녀는 먹을 것을 찾기 위해 뉴욕에서 로스앤젤레스로 이주했다. 하지만 그들을 반기는 곳은 어디에도 없었다. 가족도 친척도 없는 고달픈 삶의 연속이었다. 모녀는 컨테이너 박스나 노숙자 쉼터에 머물렀다.

"이곳은 위험해. 얼른 다른 곳으로 옮기자."

엄마는 노숙자들이 위협을 하거나 치근거리면 어린 딸을 꼭 감싸 안고 이리저리 옮겨 다니며 노숙을 했다. 그 와중에도 엄마는 아이의 교육에 각별한 신경을 썼다.

"나는 중학교도 제대로 나오지 못했지만 우리 딸은 꼭 고등학교를 졸업하게 할 거야."

모녀는 포주와 매춘부, 마약상들이 우글거리는 거리의 쓰레기 더미에서 고단한 삶을 이어갔다. 그렇게 세월은 흘러 딸은 어느덧 학교에 입학했다. 하지만 집이 없는 까닭에 학교도 자주 옮겨야 했다. 그래도 학교에 갈 때 딸은 노숙자가 아니었다.

"노숙자가 부끄러운 게 아니라 나 자신에게 부끄럽지 않아야 해. 친구들의 놀림 따위는 상관없어. 중요한 것은 오직 나 자신이야. 나 자신을 위해서라도 난 대학에 꼭 가야 해."

소녀는 새벽 4시에 일어나 샤워를 한 뒤 냄새가 나지 않는 옷으로 갈아 입고 학교에 갔다. 학교에서 공부를 마치고 집에 돌아오면 11시가 되었다. 모자라는 잠은 버스 안에서 잤다.

"노숙자 주제에 무슨 학교람?"

"애야, 여기서 나랑 같이 일하자. 넌 어리니까 인기가 좋을 거야."

그런 소녀를 보고 거리의 포주들이 놀렸다.

"전 열심히 공부해서 꼭 대학에 갈 거예요."

"뭐? 대학? 하하하. 노숙자 주제에 대학 갈 생각을 하다니. 노숙자가 대학에 갔다는 이야기는 내 평생 처음 듣는 말이다. 대학은 꿈도 꾸지 말거라."

"전 누구보다 똑똑해요. 아저씨가 아무리 절 노숙자라고 놀려도 전 꼭 대학에 갈 거예요. 저는 가난이 결코 변명이 될 수 없다고 생각해요. 두고 보세요."

"그래 잘 해봐라, 노숙자 소녀!"

"하하하."

소녀는 자신을 믿었다. 엄마가 옆에서 큰 힘이 되어주었다.

"넌 공부에 소질이 있어. 열심히 하거라. 넌 반드시 오프라 윈프리보다 훌륭한 사람이 될 거야."

소녀는 그런 엄마가 곁에 있어 든든하고 고마웠다. 소녀는 극한 상황 속에서도 한 달에 4~5권의 책을 읽으며 공부에 매달렸다. 모르는 게 있으면 사전을 찾아보고, 선생님에게 도움을 청했다. 영재반에도 들어 좀 더 깊이 있는 공부를 할 수 있었다. 하지만 소녀를 둘러싸고 있는 주변 환경이 좋지 않았다.

'이렇게 계속 가다가는 낙오하고 말 거야. 집도 없고 가난해서 이 지역을 벗어날 수는 없지만 분명 어딘가에 길이 있을 거야. 그 길을 찾아보자.'

소녀는 고등학교 1학년 때 사회단체와 장학 재단 등에 도움을 요청하는 편지를 띄웠다. 자신의 처지를 설명하고 공부하고 싶다는 의지를 전했다. 그런 편지를 매일 보냈다. 얼마 지나지 않아 편지를 받은 여러 단체가 도움의 손길을 내밀었다.

어느 날 담임 선생님이 소녀를 불러 말했다.

"넌 성적이 우수해. 하지만 대학에 가기 위해서는 교사의 추천서가 필요하단다. 그리고 돈도 있어야 해"

"제가 어떻게 해야 하나요?"

"우선 이곳을 한번 찾아가 보렴."

소녀는 봉사 단체의 상담자들에게 조언을 구하고 각 대학에서 여는 여름 학기에 적극적으로 참여하기 시작했다. 컴퓨터를 어떻게 쓰는지도 배웠고, 장학금을 받기 위해서는 어떤 서류를 준비해야 하는지도 배웠다. 그리고 가고 싶은 대학에 서류와 편지를 보냈다. 진심을 담은 노숙자 소녀의 편지는 각 대학의 입학사정관에게 전해졌다.

"오 마이 갓!"

기적이 일어났다.

브라운 대학교를 비롯해 컬럼비아, 애머스트, 윌리엄스, 하버드 등 20여 개 명문대학에서 합격 통지서를 보내왔다. 이제 소녀가 대학을 선택할 처지에 놓인 것이다.

목표를 향한 열정에 감명을 받은 하버드 입학사정관은 소녀를 적극 추천하며 다음과 같이 적었다.

"이 학생을 뽑지 않으면 우리는 제2의 미셸 오바마를 잃는 것입니다. 하버드가 부디 이런 실수를 하지 않기를 바랍니다."

하지만 소녀의 얼굴은 밝지 않았다. 소녀는 입학사정관에게 말했다.

"하버드에 가고 싶어요. 대학에서도 열심히 공부해 교육 분야 변호사가 되고 싶어요. 하지만 제젠 하버드에 갈 만한 돈이 없어요. 듣자 하니 하버드는 명문 중에 명문이라 학비가 상상할 수도 없을 만큼 비싸다고 하던데요."

입학사정관이 말했다.

"얘야, 그건 걱정 말거라. 하버드는 너에게 4년 동안 전액 장학금을 줄 거야. 너는 지금부터 네 꿈을 향해 계속 나아가기만 하면 된단다. 지금처럼 말이야."

"오 마이 갓!"

소녀는 감격의 눈물을 흘렸다.

다음 날 〈LA 타임스〉에는 다음과 같은 제목의 큼직한 기사가 실렸다. '그녀에게 마침내 집이 생겼다. 하버드라는.' 소녀의 극적인 인생 스토리는 미국인의 메마른 가슴에 커다란 감동을 안겨주었다.

소녀의 이름은 카디자 윌리엄스(Khadijah Williams).

카디자는 제퍼슨 고등학교 졸업식에서 다음과 같이 말했다.

"친구들은 처음엔 나를 노숙자라 놀렸지만 이젠 존중하기 시작했습니다. 전 한 번도 가난을 핑계 대지 않았습니다. 가난이 결코 변명거리가 되지 못한다고 생각했습니다."

한때는 '노숙자'라는 이름으로 불리던 카디자 윌리엄스. 사람들은 더 이상 그녀를 노숙자라고 부르지 않는다. 그녀는 지금 하버드 장학생으로서 자신의 꿈을 키워가고 있다.

카디자 윌리엄스는 자신의 꿈을 실현하기 위해 좌절하지 않고 한

걸음 한 걸음 나아갔다. 결코 자신의 처지를 비관하지 않고 어딘가에 반드시 길이 있을 거라 생각하며 끊임없이 문을 두드렸다. 노숙자에서 하버드 장학생이 된 카디자는 '아직 내 과업은 끝나지 않았다'고 했다. 그녀는 지금 더 큰 꿈을 향해 잠시 하버드에 둥지를 틀었을 뿐이다.

꿈은 우리에게 등을 돌리지 않는다. 다만 우리가 등을 돌릴 뿐이다. 거울은 먼저 웃지 않는다. 꿈도 마찬가지다.

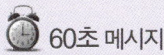 **60초 메시지**

드라마 〈베토벤 바이러스〉에서 나왔던 명대사

"꿈? 그게 어떻게 네 꿈이야. 움직이질 않는데. 그건 별이지.

하늘에 떠 있는 가질 수도 없는.

시도조차 하지 못하는, 쳐다만 봐야 하는 별!

누가 지금 황당무계 별나라 얘기하재? 네가 뭔가를 해야 될 거 아냐.

조금이라도 부딪치고 애를 쓰고, 하다못해 계획이라도 세워봐야

거기에 네 색깔이든 냄새든 발라지는 거 아냐.

그래야 네 꿈이다, 말할 수 있는 거지. 아무거나 갖다 붙이면 다 네 꿈이야?

그렇게 쉬운 거면 의사, 박사, 변호사, 판사 몽땅 다 갖다 네 꿈 하지 왜?

꿈을 이루라는 소리가 아냐. 꾸기라도 해보라는 거야!"

"영원히 살 것처럼 꿈꾸고 오늘 죽을 것처럼 살아라."
세네카(Lucius Annaeus Seneca)

......

삶이란 생생하게 살아가는 것입니다.
정상에 오르기도 하고 깊은 골짜기에
떨어지기도 하는 법이죠.
어제의 불행은 바꿀 수 없지만
오늘의 행복은 나의 선택입니다.

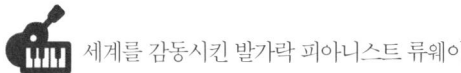 세계를 감동시킨 발가락 피아니스트 류웨이

인생은 '죽거나 혹은
멋지게 살 거냐'의 선택이다

"사람의 눈이 왜 두 개인지 아세요? 한쪽 눈으로는 '기쁨과 행복'을 보고 다른 한쪽 눈으로는 '슬픔과 불행'을 보는데, 어느 쪽으로 볼지는 자기한테 달렸어요. 저는 '기쁨과 행복' 쪽을 선택했습니다."

2010년 8월, 중국 최고의 서바이벌 프로그램 〈차이나스 갓 탤런트 China's Got Talent〉에서 기적 같은 일이 벌어졌다. 13억 중국 인구에서 뽑힌 쟁쟁한 경쟁자를 물리치고 스물세 살의 앳된 청년이 우승자로 선정된 것.

피아노 하나로 중국인의 가슴을 울린 청년의 이름은 류웨이.

사실 류웨이보다 피아노를 잘 치는 참가자는 수없이 많았다. 하지만 류웨이에게는 당연히 있어야 할 손가락이 없었다. 그것도 열 개 모두. 손가락 열 개가 없는 청년은 어떻게 피아노로 쟁쟁한 후보자들을 제치고 우승까지 할 수 있었을까? 여기에는 그의 뭉클한 사연이 숨어 있다.

1987년 베이징에서 태어난 류웨이는 열 살 때 끔찍한 사고를 당했다. 개학을 사흘 앞둔 어느 겨울날의 일이었다. 친구들과 술래잡기를 하던 류웨이는 잡히지 않기 위해 담벼락을 타고 위로 올라가려 했다. 그때 벽돌이 흔들리며 몸이 아래로 떨어졌다. 순간 류웨이는 두 팔을 뻗어 줄 하나를 간신히 붙잡았다.

"펑!"

류웨이가 두 팔로 잡은 것은 불행히도 변압기의 벗겨진 전선이었다. 손이 닿은 전선은 굉음과 함께 폭발했다. 무려 10만 볼트의 고압 전류에 감전된 류웨이는 정신을 잃고 병원으로 실려 갔다. 뒤늦게 소식을 듣고 달려온 어머니가 의사를 붙잡고 물었다.

"우리 아이는 어떻게 됐습니까? 혹시 죽기라도 했다면 전⋯."

절망에 사로잡힌 어머니는 털썩 주저앉아 울기 시작했다. 의사가 어머니를 일으켜 세워 의자에 앉혔다. 그러곤 작은 목소리로 달래듯이 말했다.

"어머님, 천만다행입니다. 아드님은 무사합니다. 이건 기적입니다. 고압 전류에 몸이 닿았는데도 살아날 확률은 1만 분의 1도 되지 않으니까요. 하지만⋯."

의사가 어렵게 말을 이었다.

"두 팔은 이미 새까맣게 타버린 상태입니다. 생명에는 지장이 없지만… 얼른 팔을 절단해야 할 것 같습니다."

의사의 말에 어머니는 그 자리에서 쓰러졌다.

그 후 대수술이 이어졌다. 류웨이는 천만다행으로 목숨을 건졌지만 두 팔은 하얀 붕대로 칭칭 감겨 있었다. 하지만 여기서 끝이 아니었다. 수차례 전신 마취를 하고 수술대에 오른 류웨이는 걸핏하면 악몽을 꾸었다. 죽음의 신이 자신을 어둠 속으로 데려가고, 그 모습을 본 어머니와 가족이 통곡하는 꿈이 반복되었다.

'이건 현실이 아니야. 꿈이야. 조금 있으면 의사들이 내 팔과 손을 가져다줄 거야.'

하지만 류웨이의 바람은 이루어지지 않았다.

시간이 흘러 류웨이는 병원을 나와 집으로 돌아왔다.

"오랜만에 집에 오니 편안하고 좋네. 그치, 엄마?"

류웨이는 일부러 밝은 목소리로 말했다. 열 살밖에 되지 않은 류웨이였지만 자신 때문에 그 누구보다 가슴 아파하는 사람은 어머니라는 사실을 알고 있었다. 한시도 자신의 곁을 떠나지 않았던 어머니. 늘 좁은 간이침대에서 잠을 자며 지극정성으로 보살핀 어머니에게만은 자신의 고통을 드러내고 싶지 않았다.

어머니가 말했다.

"류웨이, 잘 들으렴. 이제부터 너는 스스로 살아가는 법을 배워야 해. 병원에서는 내가 밥도 먹여주고 목욕도 시켜주었지만 오늘부턴

너 혼자 해야 해."

"그렇지만 엄마… 난 손이 없잖아요."

"그래 너한텐 손이 없어. 하지만 발은 있잖니? 발가락도 열 개씩이나 있고."

어머니의 말에 류웨이는 어리둥절했다. 하지만 어머니의 의지는 강했다. 그날부터 류웨이는 어머니의 도움을 받으며 발가락으로 밥을 먹는 연습을 시작했다. 처음에는 서툴고 힘들었지만 반복해서 하다 보니 어느새 익숙해졌다. 연습을 시작한 지 2개월 만의 일이었다.

"잘하는구나, 류웨이. 자, 그럼 오늘부터는 글씨 쓰는 연습을 해볼까?"

어머니의 훈련은 지독한 구석이 있었다. 하지만 6개월이 지나자 발가락 사이에 볼펜을 끼고 글씨를 쓰는 게 가능해졌다. 문제는 발가락으로 컴퓨터 키보드를 치는 것이었다. 밥 먹는 것이나 글씨 쓰는 것과 달리 키보드는 열 발가락을 다 움직여야 가능했다.

며칠을 연습하던 류웨이는 짜증 섞인 목소리로 말했다.

"아, 이건 정말 못하겠어요. 열 발가락을 움직이는 게 생각보다 쉽지 않아요. 전 그냥 펜으로 글씨를 쓰는 게 낫겠어요."

그러자 어머니는 아들을 창가로 끌고 가서는 단호하고도 침착한 목소리로 말했다.

"지금 우리 둘이 여기서 뛰어내린다면 어떻게 될까? 이 힘든 상황에서 영원히 벗어날 수 있겠지. 네가 원한다면 이 애미는 함께 떨어져주마."

류웨이는 어머니의 말에 아래를 내려다봤다. 14층 높이 때문인지 현기증이 났다. 순간 정신이 번쩍 들었다. 자신 때문에 고생하는 어머니와 함께 죽는다는 것은 상상도 하지 못한 일이었다. 살아야겠다는 열망이 온몸을 감싸고 돌았다.

그때부터 류웨이는 자신의 몸과 발을 단련시키기 시작했다. 혼자 이를 닦고, 키보드를 두드리고, 수영을 하고, 피아노를 쳤다. 훗날 류웨이는 이때의 심정을 이렇게 표현했다.

"죽음에 직면하고 나서야 나는 오히려 삶을 향한 갈망을 느꼈다. 더 솔직하게 표현하자면, 삶을 멋지게 살기를 갈구했다. 기왕에 살아갈 바에야 제대로 멋지게 하는 편이 좋다고 생각했다. 죽지 않기로 했으면 기쁘고 즐겁게 사는 게 백 번 낫지 않은가. 구사일생으로 살아난 내가 원망할 것이 뭐가 있겠는가. 인생이란 그저 태어나고 살아가는 것이니까. 태어났으면 멋지게 사는 거다."

류웨이의 인생은 여기에서부터 다시 시작되었다. 어머니는 류웨이에게 수영을 가르쳤다. 온몸을 다 써야 하는 수영을 통해 몸의 근육을 풀어주고자 함이있다. 다행히 류웨이도 수영을 재미있어했다.

"장애인 올림픽에 도전하고 싶어요. 꼭 금메달을 따서 엄마 목에 걸어주고 싶어요."

수영을 배운 지 2년 만의 일이었다. 재활을 목적으로 시작한 수영이 아들의 목표가 되는 것을 지켜본 어머니는 감탄했다. 그래서 코치에게 부탁해 아들을 수영 선수로 만들어달라고 간청했다.

얼마 지나지 않아 류웨이는 정식 선수 자격을 획득했다. 그리고 열네 살이 되던 2002년 전국장애인수영선수권대회에 참가해 금메달 2개와 은메달 1개를 땄다. 어머니의 목에 금메달을 걸어주며 류웨이가 말했다.

"엄마 덕분에 여기까지 왔어요. 하지만 여기서 멈추지 않을 거예요. 6년 후 이곳 베이징에서 장애인 올림픽이 열려요. 그때도 꼭 금메달을 딸 거예요. 두고 보세요. 전 반드시 해낼 거예요."

하지만 류웨이의 꿈은 이루어지지 않았다. 베이징 올림픽을 2년 앞둔 2006년, 몸에 원인 모를 악성 홍반이 퍼지기 시작했기 때문이다. 온몸이 따갑고 간지러웠다.

"이 몸으로 수영을 계속할 수는 없습니다."

의사에 말에 어머니는 절망했다. 하지만 류웨이는 절망하지 않았다. 올림픽에서 금메달을 따는 것이 류웨이의 목표였지만, 그에게는 또 다른 꿈이 있었다. 그건 바로 음악 공부를 제대로 해보는 것이었다. 류웨이는 컴퓨터 키보드를 발로 자유자재로 쓸 수 있게끔 되었을 때 피아노에도 관심이 많아졌다.

"발가락으로 키보드를 자유자재로 칠 수 있다면 피아노 치는 것도 가능할 거야."

류웨이는 어머니를 설득했다. 처음에는 반대했던 어머니도 결국 아들의 진심에 결심을 굳혔다. 다음 날, 어머니는 인근 음악학교를 찾아갔다. 하지만 입학 상담자는 싸늘한 말투로 대꾸했다.

"손도 없이 피아노를 배우겠다고요? 댁의 아들이 손가락 없이 피아노를 칠 수 있다면 나는 중국의 주석이 될 겁니다."

입학 상담자의 말에 어머니는 천천히 자리에서 일어나며 말했다.

"감사합니다. 무시해주셔서 정말 감사합니다. 당신 때문에 큰 용기를 얻었어요. 조만간 류웨이가 훌륭한 피아니스트가 되었을 때 많은 축하 부탁드리겠습니다."

그날부터 류웨이는 피아노 연습에 매진했다. 하루 7시간씩 피아노를 친 까닭에 발가락 사이가 찢어지고 살갖이 벗겨지는 고통을 겪긴 했지만 스스로를 증명해 보이고 싶었다. 그렇게 몇 개월이 지난 후 류웨이는 멋진 연주를 할 수 있게 되었다. 그 뒤 계속 피아노와 작곡을 공부하면서 베이징 장애인무용단에 곡을 제공하는 등 음악 활동을 이어갔다.

류웨이의 인생을 바꿔놓은 또 다른 사건은 2010년에 일어났다.

"〈아메리카스 갓 탤런트〉 알지?

류웨이의 친구가 물었다.

"아니. 처음 들어보는데."

"미국의 재능 있는 일반인을 선발하는 초대형 콘테스트 쇼 프로그램이야. 이세 전 세계적으로 유행이야. 영국노〈브리튼스 갓 탤런트〉를 만들었는데 1회 우승자가 누군지 아니? 그 유명한 폴 포츠야."

"핸드폰 외판원에서 세계적인 스타가 된 폴 포츠?"

"그래. 바로 그 사람."

"근데 그게 나랑 무슨 상관이지?"

"우리나라에도 이 쇼와 유사한 프로그램이 생긴대. 이름하여 〈차이나스 갓 탤런트〉. 난 여기에 참가할 거야. 내가 이 이야기를 하는 이유는 너도 꼭 참가하길 바라서야. 너 정도 실력이면 우승은 어렵겠지만 본선 통과는 어렵지 않을 거야."

"하지만 나는 아직 연주 실력이 부족해."

"뭔 소리야. 넌 발가락으로 피아노를 칠 수 있고, 작곡도 할 만큼 실력이 있잖아. 꼭 될 거야. 부디 나와 함께 참가해줘."

친구의 간곡한 부탁에 류웨이는 〈차이나스 갓 탤런트〉 시즌 1에 참가하게 되었다.

며칠 후 예선전에 참가한 류웨이의 모습에 심사위원은 깜짝 놀랐다. 두 팔 없이 피아노 앞에 앉은 청년. 그들을 더욱 놀라게 한 것은 류웨이의 외모뿐만 아니라 놀라운 연주 실력이었다. 그건 TV를 보던 시청자들도 마찬가지였다.

류웨이가 피아노 연주를 마치자 심사위원이 벌떡 일어나 기립박수를 쳤다. 눈에는 감동의 눈물이 그렁그렁 맺혀 있었다. 마음을 안정시킨 그가 류웨이에게 물었다.

"정말 감동적인 무대였습니다. 어떻게 발로 피아노를 칠 수 있죠? 대체 얼마나 연습을 하신 겁니까? 피아노를 치면서 무슨 생각을 하셨죠?"

속사포 같은 심사위원의 질문에 류웨이는 밝게 웃으며 천천히 대답했다.

"피아노를 연주하는 것은 제 꿈입니다. 전 피아노를 칠 때 가장 행복합니다. 어릴 때 사고를 당했지만 병실에만 누워 있는 바보가 되고 싶지 않았습니다."

모든 시선이 류웨이에게 집중되었다. 류웨이는 말을 이었다.

"남들에게 비웃음을 살 만한 꿈을 꿔보지 않은 사람이 과연 있을까요? 다만 현실 앞에서 결국 그 꿈을 포기하기 때문에 평범한 삶을 사는 데 그치는 것 아닐까요? 하지만 다른 사람들이 가지 않는 길을 가고 자신의 바보 같은 꿈을 끝까지 지켜나가는 사람은, 꿈이라는 먼 길을 자신이 만들어가는 대로 걸어갈 수 있다고 생각합니다. 아무런 꿈도 없고 목표도 없다면 대체 무슨 재미로 살겠어요?"

이날의 무대는 중국 전역에 방송되며 큰 화제를 몰고 왔다. 류웨이의 모습과 사연 때문에 대륙이 들썩였고 급기야 그는 시즌 1의 최종 우승이라는 영예를 안게 되었다.

그때부터 류웨이는 중국뿐만 아니라 전 세계적으로 유명해졌다. 오스트리아 빈의 황금홀에서 연주하는가 하면 그의 이야기를 담은 드라마 〈나의 찬란한 인생〉과 영화 〈가장 긴 포옹〉이 큰 인기를 끌기도 했다. 영화는 2012년 제36회 몬트리올 국제영화제에서 혁신상을 수상하기도 했다.

국내에서는 SBS의 〈놀라운 대회 스타킹〉을 통해 가슴 뭉클한 무대를 보여주기도 했다.

현재 중국뿐만 아니라 세계 각국에서 초청을 받아 연주를 펼치고 있는 류웨이. 운명은 자신의 두 팔을 앗아갔지만 대신 날개를 달아주었다고 말하는 아름다운 청년. 류웨이는 세상 사람들을 향해 이렇게 말한다.

"삶이란 생생하게 살아가는 것입니다. 마치 축구 시합처럼 때로는 이기기도 하고 지기도 하며, 또 때로는 정상에 오르기도 하고 깊은 골짜기에 떨어지기도 하는 법이죠. 한 번 넘어졌다고 해서 다시 시합에 나가지 못하는 것은 아닙니다. 어제의 불행은 바꿀 수 없지만 오늘의 행복은 나의 선택입니다."

인생은 선택의 연속이다. 과거의 당신이 지금의 당신을 선택했고 지금의 당신이 미래의 당신을 선택할 것이다.

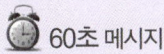 60초 메시지

무지개가 뜨려면 비와 햇살이 있어야 한다

하늘에 무지개가 뜨려면 적당한 양의 햇볕과 습도가 필요하다. 우리의 인생도 마찬가지다. 마음속에서 비가 오랫동안 내리거나 햇볕 있는 날만 계속된다면 무지개를 볼 수 없다. 지금 내 마음속에 슬픔과 아픔이 가득 차 있는 것은 언젠가 뜰 무지개를 위한 것이라고 생각해보자.

'눈에 눈물이 없으면 그 영혼에 무지개가 없다'는 인디언 격언이 있다. 맞는 말이다. 눈물 없는 인생에는 무지개가 없다. 장미도 칠흑 같은 어둠 속에서 가장 매혹적인 향기를 내뿜는다. 연꽃도 진흙 속에서 피어난다. 그래서 연꽃은 선녀처럼 아름다운 자태를 뽐내지만 연잎의 줄기 아래는 온통 진흙투성이다.

"인생이란 폭풍우가 지나가기를 기다리는 게 아니라 빗속에서도 춤추는 법을 배우는 것이다."
비비언 그린(Vivian Green)

......

내가 무엇을 살 때 그것은 돈으로 사는 것이 아니라,
그 돈을 벌기 위해서 쓴 시간으로 사는 것입니다.
이 시간에 대해 인색해져야 합니다.
시간을 아껴서 정말 좋아하는 일에,
우리에게 힘이 되는 일에 써야 합니다.

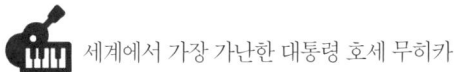 세계에서 가장 가난한 대통령 호세 무히카

인생은 짧고
생명보다 더 귀중한 것은 없다

"대통령 재임 기간에 여러분이 베풀어주신 사랑에 감사드립니다. 제 목숨이 두 개라도 저는 여러분의 투쟁을 돕는 일에 온전히 바칠 것입니다. 왜냐하면 이것야말로 제가 팔십 평생을 살면서 깨달은, 삶을 사랑하는 가장 위대한 방법이기 때문입니다. 저는 떠나는 게 아닙니다. 여러분에게로 돌아가는 것입니다. 제 숨이 붙어 있는 날까지 저는 언제나 여러분이 있는 이곳에서, 여러분을 위해 그리고 여러분과 함께 있을 것입니다."

2015년 2월 27일, 임기를 마치고 행한 호세 무히카(Jose Mujica)의 연설에 우루과이 국민뿐만 아니라 전 세계가 감동의 박수를 보냈다. 남미에서 부자 나라로 꼽히는 우루과이의 제40대 대통령 무히카는 재임 당시 세계에서 가장 가난한 대통령으로 불렸다. 월급 1300만 원 중 90퍼센트를 사회 복지 단체와 시민 주택 건설, 소속 정당에 기부하고 80만 원으로 살았기 때문이다. 또한 대통령궁을 노숙자들에게 내주고 자신은 외곽의 허름한 집에서 아내와 함께 살았다.

한 외신 기자가 물었다.

"왜 그런 결정을 했죠? 인기를 얻기 위한 포퓰리즘 아닌가요?"

호세 무히카는 미소를 지으며 말했다.

"우루과이 국민의 평균 임금이 80만 원입니다. 저 또한 우루과이 국민 중 한 사람입니다. 저는 부자도 가난한 사람도 아닙니다. 그저 평균대로 살고 싶을 뿐입니다. 그리고 대통령궁은 제가 사용하기에 너무 넓습니다. 전 이곳이 좋습니다. 여기 나를 지켜주는 두 명의 든든한 경호원도 있고요."

무히카는 대통령 재임 기간 동안에도 주말이면 시장에 나가 손수 기른 국화를 팔았다. 우루과이의 정치인명사전에 그의 직업이 '정치인'이 아닌 '농부'로 표기되어 있는 것에서도 알 수 있듯 무히카는 농부라는 직업에 자부심을 가졌다. 특히 꽃 재배하는 일을 좋아했다. 여기에는 아버지를 일찍 여의고 어머니와 함께 농장에서 꽃을 키우던 어린 시절의 추억도 한몫했다.

더운 날엔 짧은 반바지와 슬리퍼를 신고 동네 이곳저곳을 돌아다니기도 했다. 태풍으로 지붕이 날아간 이웃 집에 들어가선 손수 지붕을 수리해주기도 했다. 동네 사람들과 국민은 이런 무히카를 대통령으로 부르지 않고 페페(할아버지)라고 불렀다.

무히카의 일거수일투족은 우루과이뿐만 아니라 전 세계인에게 신선한 감동을 선사했다. 우리나라 언론도 예외는 아니었다. 2013년 SBS TV에서는 〈리더의 조건〉이라는 다큐멘터리를 방영하며 무히카의 일상을 크게 보도했다. 세계 언론이 자신을 주목할 때마다 무히카는 아무렇지도 않다는 듯 심드렁하게 말했다.

"세상 사람들이 왜 그렇게 호들갑인지 모르겠습니다. 작은 집에 살고, 보잘것없는 살림살이에 낡은 자동차를 몰아서? 이게 어떻게 뉴스거리가 됩니까? 그렇다면 세상이 이상한 것입니다. 왜냐하면 지극히 정상적인 일에 놀라워하고 있으니까요."

그런 그도 우루과이뿐만 아니라 전 세계인의 주목을 받기 전까지 험난한 인생 역정을 겪었다.

호세 무히카는 1935년 몬테비데오에서 태어났다. 아버지가 일찍 돌아가신 까닭에 중학교밖에 다니지 못했다.

20대에 접어든 무히카는 쿠바 혁명을 지켜보며 비로소 세상과 정치에 눈을 떴다.

"쿠바가 했다면 우리도 할 수 있어!"

당시 우루과이는 군부 통치 시절이었는데, 무히카는 반정부 성향이 강한 투파마로스라는 게릴라 조직에서 활동했다. 무히카는 열정적이고 용감한 대원이었다. 세상을 바꾸기 위해서 자신의 목숨도 마다하지 않았다. 총탄이 여섯 번이나 그의 몸을 뚫었고, 결국 치열한 총격전 끝에 심한 부상을 당하고 체포되었다.

"여기서 어떻게든 살아나가야 돼. 그대로 있다간 개죽음을 당하고 말거야."

무히카는 동료들을 규합해 탈옥을 감행했다. 그가 선택한 것은 땅굴이었다. 탈옥에 성공한 무히카는 다시 게릴라 활동을 하다 붙잡혔다. 하지만 다시 탈옥에 성공했다.

두 번의 탈옥 성공으로 인해 무히카는 요주의 인물이 되었다. 또다시 붙잡힌 그는 오랫동안 독방에 감금된 채 끔찍한 고문을 받았다. 언제 죽을지 모르는 공포가 엄습해왔다. 하루하루가 지옥 같았다.

"난 반드시 살아 돌아갈 거야. 내가 자유의 몸이 된다면 기필코 내가 있던 땅으로 다시 돌아갈 거야. 소중하고 가치 있는 것들을 포기하지 않을 거야. 삶이란 죽음이 오기 전까지 희망을 가지고 자신을 바치는 아름다운 행위야. 인생은 기적이야. 인생만큼 가치 있는 것은 없어. 나는 반드시 살아서 가치 있는 인생을 살 거야."

무히카는 외롭고 무서울 때마다 자신을 혹독하게 다뤘다. 감옥에서도 가만있지 않고 하루하루를 가치 있게 살려고 노력했다. 그때의 기억을 무히카는 훗날 이렇게 회고했다.

"감옥은 아무것도 할 수 없는 곳이 아니라 의외로 많은 것을 할 수 있다. 감옥에서 나는 7년 동안 독서를 금지당했다. 나중에 알게 된 것인데, 내가 후에 해낸 많은 일들은 그때 책을 읽을 수 없어서 생각하고 생각하고 또 생각했던 것들의 결실이었다. 참 신기한 일이다. 인간은 때때로 좋은 날들보다 고통으로부터 더 많이 배우는 것 같다."

그렇게 14년의 세월을 고통 속에서 보낸 끝에 무히카는 자유의 몸이 되었다. 언론들은 무히카를 '라틴아메리카의 넬슨 만델라'라고 브르곤 했다. 그럴 때마다 무히카는 이렇게 대답했다.

"만델라는 메이저리그 출신이다. 나하고 노는 물이 달랐다. 나는 그저 동네 아저씨들 중 한 명일 뿐이다."

무히카의 말과 행동은 많은 화제가 되었고, 하원의원과 상원의원을 거쳐 바스케스 대통령 행정부의 농목축수산부 장관 자리까지 올랐다. 그리고 2010년 3월 1일, 5년 임기의 우루과이 40대 대통령으로 취임했다. 우루과이 정부가 공개한 관보에 따르면 무히카 대통령이 공식적으로 신고한 재산은 폴크스바겐의 1987년식 비틀 자동차 한 대뿐이었다. 그는 전 세계에서 가장 검소한 생활을 하고 정치적 비리 또한 한 번도 없는 정치인이다. 그는 돈과 시간에 대한 명확한 철학을 가지고 있었다.

"내가 무엇을 살 때 그것은 돈으로 사는 것이 아니라, 그 돈을 벌기 위해서 쓴 시간으로 사는 것입니다. 이 시간에 대해 인색해져야 합니다. 시간을 아껴서 정말 좋아하는 일에, 우리에게 힘이 되는 일에 써야 합니다."

14년 동안 감옥생활을 하며 무히카는 누구보다 시간의 소중함을 알았다. 그래서 하루하루를 헛되이 보내지 않으려 스스로를 다잡고 몸소 실천했다. 노벨평화상 후보에 두 번이나 오르고, 프란치스코 교황으로부터 '현자'라는 칭호까지 받았다.

대통령 자리에서 물러난 무히카는 현재 자신의 농장에서 아내와 함께 생활하고 있다. 지난 2013년 무히카가 유엔 총회에서 한 연설은 아직까지도 명연설로 많은 이들에게 회자되고 있다.

"우리는 발전하기 위해 태어난 것이 아닙니다. 우리는 행복하기 위해 지구에 온 것입니다. 인생은 짧고 생명보다 더 귀중한 것은 존재하지 않습니다."

무히카는 취임 때보다 퇴임 때 더 많은 지지율을 기록한 대통령으로 후세에 기억될 것이다. 자신의 라이프 스타일은 삶의 상처가 낳은 결과라고 말하는 호세 무히카. 그는 가장 낮은 곳에서 국민과 함께 울고 웃어주며 귀를 기울인 진정한 리더였다.

삼류 리더는 자기 능력을 사용하고, 이류 리더는 남의 힘을 이용하고, 일류 리더는 남의 지혜를 사용한다.

 **60초 메시지**

가장 고약한 감옥은 닫힌 마음이다

교황 요한 바오로 2세의 말이다. 그는 역대 교황 중 우리나라 사람들에게 가장 친근한 이미지를 갖고 있다. 1984년 5월 한국 천주교회 200주년 기념행사에 참석해 서울 여의도 광장에서 103위 순교성인 시성식을 주례했다. 이는 시성식을 로마 밖에서 거행한 역사상 첫 사례로 기록되었다.

그가 한국인의 마음속에 깊이 각인된 것은 입국 장면 때문이다. 그는 비행기에서 내리자마자 무릎을 꿇고 땅에 입을 맞췄다. 그러곤 "순교자의 땅, 순교자의 땅"이라고 읊조렸다. 이 모습이 한국인들에게 깊은 감동을 안겨줬다. 이 때문에 천주교에 신자가 몇십 배 늘었다고 한다. 교황의 열린 마음과 행동이 사람들을 움직였기에 가능했던 일이다.

"감옥에 갇혔다면
감옥에서 할 수 있는 일을 하면 된다."
요시다 쇼인(吉田松陰)

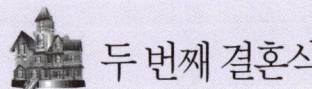 두 번째 결혼식

"크리스, 항상 곁에서 당신을 보호하고 지켜주겠습니다."
"킴, 당신의 믿음직한 아내이자 동반자가 되겠습니다."
크리스와 킴은 서로의 눈을 바라보며 손을 잡고 신 앞에 결혼 서약을 마쳤다. 서로를 진심으로 사랑했던 두 사람은 누구보다 행복한 신혼을 보냈다.
결혼한 지 두 달여가 지난 어느 날. 차를 몰고 가던 두 사람은 교통사고를 당했다. 크리스는 심한 뇌 손상을 입고 사경을 헤맸다. 가족과 킴의 간절한 기도 덕분이었을까. 크리스는 기적적으로 의식을 찾았지만 불행하게도 기억을 잃고 말았다.
"당신은 누구죠? 전 왜 여기에 있는 거죠?"
크리스는 남편인 킴도 알아보지 못했다.
킴은 크리스가 회복되길 바라며 그녀 곁에서 재활을 도왔다. 하지만 뇌 손상으로 정상적인 생활을 할 수 없던 크리스는 킴에게 온갖 짜증과 화를 냈다. 크리스의 재활을 돕느라 집안 형편은 점점 어려워졌다. 급기야 크리스는 우울증에 걸려 자주 소란을 피웠고, 그때마다 친척들은 "이제 그만 됐어. 그만큼 노력했으면 됐어. 이혼해" 하며 킴을 압박했다. 그때마다 킴은 그녀를 보호하고 지키겠다는 서약을 생각하며 크리스 곁을 지켰다. 킴의 극진한 간호 덕분에 크리스의 몸은 서서히 회복되었다. 하지만 기억은 끝내 돌아오지 않았다.

그렇게 몇 년이 지났다. 크리스는 자신의 곁을 떠나지 않고 지극정성으로 보살피는 킴을 어느새 사랑하게 되었다. 둘은 다시 사랑하게 되었고 또다시 결혼했다. 둘은 다시 신 앞에 서약했다.

"크리스, 항상 곁에서 당신을 보호하고 지켜주겠습니다."

"킴, 당신의 믿음직한 아내이자 동반자가 되겠습니다."

이 거짓말 같은 실화는 〈서약〉이라는 이름의 영화로 만들어져 전 세계인에게 깊은 감동을 선사했다. 현재도 크리스의 기억은 돌아오지 않았다. 하지만 그들은 딸과 아들을 낳고 뉴멕시코에서 20년 넘게 행복하게 살고 있다.

"그 어떤 순간에도 열렬히 사랑하고 아끼겠습니다. 그 어떤 것이 우리를 갈라놓을지라도 당신에게 돌아갈 길을 찾겠습니다."

사랑하는 사람이 당신을 기억 속에서 지워도 또다시 그 사람을 사랑할 수 있을까?

가을,
사랑한다고
말할 시간은 길지 않다

Today is the first day of the rest of your life

단 하루를 살아도
당신을 사랑했다면
그 하루는 정말 값진 거야.
5분을 더 살든, 50년을 더 살든
그건 중요하지 않아.
오늘 네가 아니었다면
난 평생 사랑을 몰랐을 거야.
사랑하는 법을 알게 해줘서 고마워.
또 사랑받는 법도.

영화 〈이프 온리〉 중에서

……
네가 뭔가를 해내야 한다고 누가 말했어?
그걸 누가 규정해뒀어?
다만 죽지 마. 포기도 하지 마.
네가 누구든 그리고 무얼 하든 가장 귀한 순간은
네가 삶의 영역 안에 속해 있는 한
자연스레 선물처럼 찾아올 거야.

독일을 울음바다로 만든 피에로 엄마 바버라 에버하르트

사랑한다고
말할 시간은 길지 않다

　아름답고 화려하기로 유명한 오스트리아의 비엔나 시청 광장. 수많은 관광객과 사람들이 오가고 있었다. 그때 한편에서 어린아이의 울음소리가 들려왔다.
　"저 초콜릿이 먹고 싶단 말이야. 저 초콜릿을 사달란 말이야!"
　초콜릿을 사달라는 아이에게 엄마는 단호하게 말했다.
　"안 돼. 벌써 세 개나 먹었잖아. 초콜릿을 많이 먹으면 이 썩는다고 엄마가 몇 번 말했어."
　"싫어, 싫어. 그래도 난 초콜릿을 먹을 거야."
　아이를 달래던 엄마는 급기야 손으로 엉덩이를 때리려 했다. 바로 그때 누군가가 그녀의 손을 덥석 잡았다. 엄마는 놀라서 뒤를 돌아보았다.

"당신은 누구세요?"

"난 바버라 파흘 에버하르트라는 사람입니다."

"혹시 저를 아세요?"

"아뇨. 오늘 처음 뵙습니다."

"저한테 무슨 볼일이라도 있으세요?"

"이 아이한테 초콜릿을 사주세요. 아니면 제가 대신 사줘도 될까요?"

"이보세요. 이 아이는 제 아들입니다. 당신이 무슨 권리로 이러는지 모르겠지만, 이건 우리 집안 문제란 말입니다. 상관 말고 가던 길이나 가세요."

아이 엄마의 말에 바버라라는 여자의 눈이 서서히 붉어졌다. 그러곤 갑자기 아이 엄마의 얼굴에 대고 큰 소리로 외쳤다.

"당신! 아이가 있다는 것만으로도 얼마나 행복한 일인지 알기나 해요? 내일 당장 아이가 죽게 된다 해도 초콜릿을 안 사줄 건가요?"

바버라의 말에 아이 엄마는 어안이 벙벙해졌다.

"당신은 대체 누구입니까? 왜 나한테 이런 말을 하는 거죠?"

그 소동에 관광객들이 하나둘씩 모여들기 시작했다. 이 광경이 신기한지 여기저기서 카메라 셔터를 누르는 사람도 있었다. 바버라의 눈에서 어느새 눈물이 뚝뚝 떨어졌다. 그녀는 사람들을 향해 절규하듯이 외쳤다.

"매 순간 순간이 소중합니다. 이 순간이 마지막일 수도 있습니다. 사랑하십시오! 칭찬하십시오! 아낌없이 주십시오! 서로에게 잘해 주십시오! 시간이 얼마 남지 않았습니다. 지금 옆에 있는 사람을 아껴주고 사랑해주세요!"

이 말을 하곤 바버라는 그 자리에 털썩 주저앉았다. 순간 아이의 목소리가 들려왔다. 바버라는 재빨리 고개를 돌렸다. 아이는 엄마에게 초콜릿을 사달라고 조르고 있었다. 아이 엄마의 얼굴을 보는 순간 바버라는 깜짝 놀랐다. 방금 전 자신과 말다툼을 했던 여자가 분명했다. 그때서야 바버라는 방금 전 일어난 일이 자신의 상상에서 비롯된 것이라는 사실을 깨달았다.

"요즘 내가 왜 이러지? 왜 아직 마음을 다잡지 못하는 걸까? 이제 겨우 마음 밖으로 보냈다고 생각했는데…. 정말 그렇게 믿었는데. 아, 나는 아직도 사랑스러운 헬리, 천사 같은 티모와 피니를 보내지 못했구나."

바버라는 광장에 앉아 일어나지 못했다. 그렇게 한참을 앉아 있었다. 차가운 초겨울 바람이 그녀의 얼굴을 스치고 지나갔다. 바버라의 머릿속에는 1년 전 겪었던 악몽 같은 시간이 주마등처럼 스쳐 지나갔다.

오스트리아 비엔나에서 태어난 바버라는 비엔나 대학에서 공부했다. 공연예술과 플루트 연주를 익힌 그녀는 초등학교 교사 자격을 취득했다. 하지만 바버라의 꿈은 따로 있었다. 바로 피에로가 되는 것.

빨강 코를 달고 우스꽝스러운 옷을 입은 피에로. 다른 사람에게는 어떻게 보일지 모르지만 바버라에게는 멋있고 설레는 직업이었다. 하지만 피에로는 아무나 할 수 없는 일이었다. 일정한 교육과 실습을 거쳐야만 거리 공연을 할 수 있었다.

"난 꼭 피에로가 될 거야. 사람들에게 꿈과 웃음과 희망을 선물할 거야."

몇 달간 학원을 다니며 피에로 교육을 받던 바버라에게 기회가 찾아왔다. 거리 공연을 하던 남자 피에로가 그녀에게 함께 공연을 하자고 제안한 것이다. 바버라는 망설일 이유가 없었다. 그날부터 둘은 함께 거리 공연을 하기 시작했다.

둘의 공연은 인기가 많았다. 호흡도 잘 맞아 그들을 좋아하는 팬도 생겼다. 새로 생긴 것은 팬뿐만이 아니었다. 어느새 바버라의 배 속에서는 한 생명이 무럭무럭 자라고 있었다.

"헬리, 당신 이제 아빠가 됐어."

바버라의 말에 헬리는 뛸 듯이 기뻤다. 헬리는 바버라의 배를 만지며 약속했다.

"당신을 평생 사랑하고 존중하고 아끼며 살게. 평생 서로를 배신하지 않고 기쁠 때나 슬플 때나 함께하자."

헬리의 말에 바버라는 고개를 끄덕였다. 하지만 그때까진 아무도 몰랐다. 그들이 함께할 수 있는 시간이 그토록 짧을 줄은.

몇 개월 후 그들에게는 티모라는 이름의 남자 아이가 생겼다. 그리고 다시 몇 년 후 티모에게는 인형 같은 여동생 피니가 생겼다. 가족이 된 네 명의 행복한 시간이 이어졌다. 무엇과도 바꿀 수 없는 인생의 선물 같았다.

부부는 피에로로 활동하며 사람들에게 웃음을 선사했다. 특히 빨강코 피에로 의사회(Roten Nasen Clown Doctors)에 적을 두고 수많은 병원으로 공연을 다녔다. 바버라는 자신의 전공을 살려 어린이 합창단 등을 위한 노래를 작사하고 작곡하기도 했다. 하지만 이들 가족에게 끔찍한 악마가 찾아왔다.

2008년 3월 20일 아침의 일이었다.

"여보, 다녀올게."

남편인 헬리가 짐을 챙기며 말했다.

"미안해. 내가 바빠서 당신한테 아이들을 맡길게."

"난 괜찮아. 아이들도 내 피에로 공연을 보고 싶어 하고. 이번 기회에 내 실력을 맘껏 발휘할 거야."

"이해해줘서 고마워. 차 조심하고 잘 다녀와."

"그래, 이따 저녁에 보자고."

키스를 마친 헬리가 아이들을 차에 태웠다. 뒷좌석 아이 시트의 안전벨트를 꽉 매준 헬리가 운전대를 잡으며 소리쳤다.

"자, 그럼 출발해볼까?"

헬리가 모는 차는 집을 벗어나 어느새 철도건널목에 다다랐다. 그때 뜻하지 않은 사고가 발생했다.

"어, 저 기차가 왜 저리지. 아… 안 돼!"

전속력으로 달려오던 기차가 헬리의 차를 덮친 것이다. 손을 써볼

틈도 없이 헬리의 자동차는 반파되고 말았다. 급히 앰뷸런스가 도착해 세 사람을 병원으로 옮겼다. 공연장에서 공연을 하다 소식을 들은 바버라는 거의 실성한 상태로 병원으로 향했다. 바버라는 수술실에서 방금 나온 의사를 붙잡고 물었다.

"제 남편은 어떻게 되었나요? 아이들은요?"

의사는 애석하다는 듯이 말했다.

"죄송합니다. 최선을 다했지만 부군께서는 사망하셨습니다."

바버라는 그 자리에 털썩 주저앉았다.

"하지만 두 아이는 아직 살아 있습니다. 아직 희망이 있습니다."

"정말입니까? 감사합니다."

바버라는 불행 중 다행이라고 생각했다. 그날부터 바버라는 응급실 앞에서 밤을 샜다. 의사와 간호사가 대기실에 들어가 눈 좀 붙이라고 권해도 꼼짝하지 않았다.

"내 아이들이 생사를 넘나드는데 어떻게 저만 편히 있겠어요."

그렇게 사흘이 흘렀다. 희망이 절망으로 바뀌었다. 딸 피니가 응급실에서 숨을 거둔 것이다. 그리고 그다음 날에는 의식 불명이던 아들 티모마저 숨을 거두었다.

"안 돼!"

불과 나흘 사이에 가장 사랑하던 사람들이 모두 그녀 곁을 떠났다. 쇠망치로 심장을 얻어맞은 것처럼 아프고 아팠다. 맞은 자리를 맞고 또 맞은 것처럼 그 무엇으로도 치유할 수 없는 슬픔과 절망이 바버라를 덮쳤다.

"내가 살 이유가 있을까? 나도 가족 곁으로 가야겠어."

바버라는 죽기로 결심했다. 가족이 없어진 삶은 꿈에도 생각하지 못한 악몽 그 자체였다. 혼자 남겨진 삶을 꾸려갈 자신도 용기도 없었다.

그때 남편 헬리가 해줬던 말이 자꾸 떠올랐다.

내가 더 이상 곁에 없어서 슬프다면,
너를 사랑하는 사람들이 있는 주위를 둘러봐.
그들이 곁에 있는 순간을 기쁘게 받아들여.
그들을 꼭 껴안아줘.
그러면 그때 나도 꼭 껴안게 되는 거야.
내가 당신의 눈과 가슴을 열어줄 거야.
우리가 지금 가진 것을 볼 수 있도록.
네가 기뻐하면 나도 기뻐할 거야.

네 어깨를 가만히 감싸주던 나의 말과 웃음이 그리울 때면,
오늘 하루 있었던 즐거운 일들을 떠올려.
나에게 그 이야기를 들려줘.
그리고 큰 소리로 웃어.
내가 들을 수 있도록.

네 친구를 만날 수 있고

가까이 있을 수 있는 그런 장소를
아직도 찾고 있다면
기쁘고 자신 있는 목소리로 나를 불러.
나를 식탁으로 초대해.
내가 좋아했던 근사한 요리를 준비해서
함께 식사를 해.

나를 위해 촛불을 밝히고 기쁜 마음으로 촛불을 바라봐.
밝은 노래를 부르고 네 가슴에 천사의 날개가 자라게 해.
그 날개는 너를 네 친구에게 데려다줄 거야.
너를 절대 떠나지 않는 너의 친구에게로.

바버라는 자살할 생각을 멈추고 컴퓨터 앞에 앉았다.
"그래, 난 살아야 해. 내가 살아가는 것이야말로 남편과 아이들이 이 세상을 살다 갔다는 유일한 증거야. 그들을 위해 난 더 멋진 삶을 살아야 해."

그러곤 자신의 이메일 주소록에 있는 모든 사람에게 편지를 썼다. 바버라는 그 메일에 자신이 어떻게 가족을 떠나보냈으며, 어떻게 삶이 흔들렸고, 남은 삶을 어떻게 살아갈 것인지에 대해 썼다. 메일을 받은 가족과 지인들은 비극적이지만 그럼에도 불구하고 희망적인 모습을 보여준 바버라의 진심에 감동했다.

이메일은 인터넷을 통해 급속도로 퍼져나가 수천 명의 마음을 움직였다. 2010년에는 《4빼기 3 Vier minus drei》라는 책으로 출간되어 독일 아마존 50주 연속 베스트셀러에 오르기도 했다. 바버라의 고향인 오스트리아뿐만 아니라 독일을 비롯한 전 유럽이 그녀의 감동적인 이야기에 눈물을 흘렸다. 언론들도 찬사를 쏟아냈다.

"매우 깊이 있는 시선을 가지고 삶과 운명을 이야기하는 책이다. 마음을 움직이고, 자극하고, 흔들어댄다."

"누구도 해내기 힘든 놀라운 방식으로 그녀는 운명을 이겨냈다."

"혹독한 운명에 관한 그리고 그것을 이겨낸 강인한 삶의 의지에 관한 가장 완벽한 기록!"

바버라는 세상을 떠난 가족을 위해 장례식 대신 '영혼의 축제'를 열었다. 익살스러운 분장을 한 수많은 피에로가 이 성스러운 축제에 참여했다. 축제를 성공적으로 마친 바버라는 하객들에게 감사 인사를 했다.

"모두 고마워요. 덕분에 멋진 축제가 되었어요. 전 우리 남편과 아이들이 조금 멀리 있는 저 하늘의 천사가 되었다고 믿어요. 저도 언젠가는 그들을 만나겠죠. 만나서 무슨 이야기를 할까요? 저는 지금보다 더 씩씩하게 살 거예요. 그래서 내가 어떻게 살았는지, 얼마나 열심히 살았는지 이야기해줄 거예요. 여보, 아이들아! 듣고 있니? 언제나 내 마음속에 늘 함께해줘. 사랑한다."

오늘도 바버라는 '삶이 자신에게 주고자 하는 것이 무엇인지' 하나하나 찾아가고 있는 중이다. 바버라는 간혹 영혼이 자신에게 이런 말을 해주는 걸 듣는다고 한다.

"네가 뭔가를 해내야 한다고 누가 말했어? 그리고 그걸 얼마나 많이 해내야 한다고 누가 규정해뒀어? 다만 죽지 마. 포기도 하지 마. 네가 누구든. 그리고 무얼 하든 가장 귀한 순간은 네가 삶의 영역 안에 속해 있는 한 자연스레 선물처럼 찾아올 거야."

사소한 것에 감동하고 기뻐할 줄 아는 사람에게는 반드시 행복이라는 이름의 선물이 주어진다.

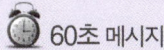 **60초 메시지**

슬픔을 극복하는 유일한 방법은 행동하는 것이다

만남이 있으면 헤어지는 것이 인생이다. 어느 누구도 평생을 함께 갈 수는 없다. 하지만 정말 사랑하는 소중한 사람과의 이별은 견디기 힘든 고통이다. 슬픔을 혼자서 이겨내려고 할수록 슬픔은 더욱 커진다.

슬픔을 극복하기 위해서는 누군가와 함께하는 게 좋다고 심리학자들은 말한다. 혼자 힘으로 슬픔을 극복하기란 쉽지 않다. 그럴 때는 주변 사람에게 도움을 청해야 한다. 친구, 가족, 이웃, 누구라도 상관없다. 당신의 상실감을 함께 공감해 줄 수 있는 사람이면 된다. 이 과정을 통해 슬픔은 '극복하는 것'이 아니라 '있는 그대로 받아들여 삶에 녹아들게 해야 한다'는 점을 깨닫는 것이 중요하다.

"괴로운 일만 생각해봤자 무슨 소용이 있어. 괴로운 건 모두가 똑같아. 그렇다면 나는 즐거움을 찾아내는 사람이 될래. 나는 오늘 행복한 사람이 되겠어."
안네 프랑크(Anne Frank)

……

아빠는 너희들에게 책 한 권을 선물하려 한단다.
내 아들들을 위해 아빠가 쓰는 책이야.
우리 모두가 너희들을 기억하기 위해서 쓰는 책이요,
너희들이 그저 장애인증명서에 붙여진 사진으로만
남지 않도록 하기 위해서 쓰는 책이란다.
그리고 지금까지 내가 하지 못한 말들을 적는 그런 책.

두 장애아를 위해 책을 발표한 장 루이 푸르니에

웃어라!
온 세상이 함께 웃게 될 것이다

"장애를 가진 아이들에 대해 이야기할 때면 사람들은 마치 무슨 큰 변이라도 당한 듯 사뭇 심각한 분위기를 만들곤 하지. 그래서 난 미소를 지으며 내 아들들에 관한 이야기를 해보려고 해."

장 루이 푸르니에(Jean-Louis Fournier)는 프랑스의 대표적인 베스트셀러 작가이다. 그의 글은 짧고 간결한 것으로 유명한데, 그 속에는 위트와 풍자가 가득하다. 또한 인간 사회의 어두운 면을 여지없이 비판하는 것으로도 유명하다.

장 루이에게는 두 명의 아들이 있다. 큰아들은 마튜, 둘째 아들은 토마이다.

"봐봐. 이 꼬물꼬물거리는 조그만 녀석이 나와 당신의 아들이야."

마튜가 태어났을 때 장 루이 부부는 세상을 다 가진 것같이 기뻤다. 하지만 기쁨도 잠시. 마튜는 다른 아이에 비해 성장이 더뎠다. 잘 걷지도 못하고 말도 잘하지 못했다. 여러 병원을 전전하며 저명한 의사를 만났지만 돌아오는 대답은 한결같았다.

"마튜가 다른 아이에 비해 신체 발달이 느린 것은 사실입니다. 하지만 정신적으로는 아무런 문제가 없습니다. 커가면서 점점 나아질 것입니다."

친척과 이웃들도 커가면서 나아질 거라며 위로와 격려를 했다. 하지만 커갈수록 마튜의 상태는 더욱 나빠졌다. 온몸을 흐느적거리고 머리조차 제대로 가누지 못했다. 한마디 말도 못하고 온종일 방에 누워 지냈다.

"의사들은 다 거짓말쟁이야. 도저히 믿을 수가 없어."

장 루이가 화를 내자 아내가 말했다.

"릴르에 퐁텐이라는 저명한 의사가 있다고 하는데, 한번 가 봐요."

부부는 마튜를 데리고 의사에게 갔다. 며칠 동안 마튜를 살펴본 퐁텐 교수가 말했다.

"마튜는 영영 정상이 아닌 채 살아갈 것입니다. 너무 헛된 희망은 갖지 마세요. 마튜는 지체아이며 앞으로도 계속 이런 상태로 살아갈 것입니다. 달리 할 수 있는 일도 없습니다."

그날 밤 장 루이는 잠을 이루지 못했다. 마튜는 정신적으로나 신체적으로 장애를 갖고 태어난 아이였다. 그동안 만났던 의사들은 그걸 알면서도 부모가 실망하고 좌절할까 봐 정중하게 에둘러 말한 것이다. 그건 가족과 친지들도 마찬가지였다.

"어쩌면 퐁텐 교수의 방식이 맞는지도 몰라. 마튜의 상태를 인정해야 해. 헛된 희망을 품어서는 안 돼. 마튜에게도 그 애만의 인생이 있는 거야."

그날부터 장 루이는 마튜를 자신만의 방식으로 대했다. 결코 쉬운 일이 아니었다. 밥 한 번 먹이기가 너무나 힘들어 짜증도 내고 화도 냈다. 그러는 사이 둘째 아들 토마가 태어났다. 하지만 기대보다는 걱정이 앞섰다.

'혹시 토마도 마튜처럼 말 한마디 못하는 건 아닐까?'

불행 중 다행이었다. 토마는 마튜와 달리 말을 할 수 있었다. 두 마디밖에 못한다는 게 문제이긴 했지만.

"아빠, 어디 가?"

"감자튀김."

토마는 이 두 가지 말만 반복했다. 희망을 잃지 않고 말을 가르쳐주었지만 토마는 5분도 안 되어 잊어버렸다. 토마 또한 영원히 장애를 안고 살아갈 운명으로 태어난 것이다.

하루는 차 안에서 토마가 물었다.

"아빠, 어디 가?"

운전하던 장 루이가 말했다.

"고속도로를 타러 간단다. 우린 멋진 곳으로 갈 거야."

1분 후 토마가 다시 물었다.

"아빠, 어디 가?"

토마는 아무렇지도 않게 똑같은 질문을 했다. 이런 식으로 토마는 아빠하고 대화할 때마다 '아빠, 어디 가'라고 물었다. 처음에는 짜증을 내던 장 루이도 점점 다양한 버전으로 대답했다.

"아빠, 어디 가?"

"알래스카로 백곰을 만나러 가는 길이야. 녀석을 만나 키스를 해준 다음, 그놈한테 우리 모두가 잡혀 먹는 거야. 어때?"

"아빠, 어디 가?"

"독버섯을 따러 가는 길이란다. 그것으로 맛있는 오믈렛을 요리해 먹자꾸나."

"아빠, 어디 가?"

"수영장에 가는 길이야. 가서 셋이 제일 높은 다이빙대에서 뛰어 내리자꾸나. 물 한 방울도 없는 풀장 말이야."

토마가 할 수 있는 하나뿐인 질문을 던질 때마다 장 루이는 유머를 섞어 말했다. 질문은 오직 하나였지만 대답은 여러 개였다. 그 문답을 통해 장 루이는 아이들과 수많은 곳을 여행하고 즐겼다. 하지만 마음 속에서는 다른 생각이 자라고 있었다.

"차 안에 우리 셋만 있을 때면 별별 이상한 생각이 다 들곤 한다. 가스통 하나와 위스키 한 병을 사볼까? 그리고 다 마셔버리는 거야. 그러다 대형 사고라도 난다면 정말 다행이지 않을까. 특히 아내를 위해서 말야. 난 점점 피곤한 스타일이 되어가고, 아이들은 크면 클수록 더 힘들어진다. 나는 두 눈을 감는다. 눈을 감은 채 가능한 한 오랫동안 자동차의 속력을 내본다."

하지만 장 루이는 두 아들을 포기하지 않았다. 열심히 글을 썼다. 방송 작가와 영화감독으로서의 삶도 소홀히 하지 않았다. 그의 글은 언제나 톡톡 쏘는 유머가 있었다. 그래서 사람들은 그가 평소에도 즐겁고 재미있게 산다고 생각했다.

그렇게 세월이 흘러 마튜가 열다섯 살이 되던 해였다. 갑자기 마튜의 몸이 곱추로 변해갔다. 급하게 등을 펴는 척추 수술을 받았지만 아들은 3일 만에 세상을 떠났다. 한 번도 똑바로 눕지 못하고 한 번도 하늘을 볼 수 없었던 큰아들 마튜는 그렇게 사랑하는 가족 곁을 떠났다.

어느 날 장 루이의 친구가 위로차 찾아왔다.

"어쩌면 잘된 일이지도 모르네. 그동안 자네가 두 아들 때문에 얼마나 힘들었나. 아내와도 이혼하고 혼자 키우면서 말일세."

그러자 장 루이가 대답했다.

"그래, 자네 말이 맞을지도 몰라. 하지만 자넨, 자네 아들이 죽어도 그런 이야기를 할 텐가? 이보게, 자식 잃은 슬픔은 자네처럼 평범한 아이를 둔 부모나 나처럼 장애아를 둔 부모나 똑같다네. 가슴이 찢어지고 마음이 한없이 아프다네."

장 루이는 몇 달 동안 마튜 잃은 슬픔에 잠겨 지냈다. 형이 죽은 것도 기억 못하는 토마는 아빠를 볼 때마다 여전히 똑같은 질문을 했다.

"아빠, 어디 가?"

"응. 오늘은 마튜 형을 보러 가는 거야. 이 꽃다발을 주러."

그렇게 몇 달을 어둠 속에서 보낸 장 루이에게 힘과 용기를 준 것은 독자들이었다.

"당신의 신간을 언제쯤 볼 수 있을까요?"

"당신 글을 읽으면 즐거워요. 빨리 저를 웃겨주세요."

견디기 힘든 상황에서도 독자의 편지는 그를 다시 일으켜 세웠다.

장 루이는 출판사 대표에게 힘을 내어 말했다.

"이번 책은 내 아들들에 대해 쓰고 싶소."

"아들들요?"

"그렇소. 내게는 두 아들이 있소. 비록 한 명은 지금 하늘나라에 있지만."

"그동안 집안 이야기를 한 번도 한 적 없어서 잘 몰랐습니다."

"둘 다 장애인이오. 대신 우울하거나 심각하게 쓰고 싶진 않소. 평소처럼 장 루이답게 밝고 유머러스하게 우리 아들들의 이야기를 해볼 참이오. 에둘러 꾸미거나 미화하지 않고 있는 그대로 정직하게 쓸 것이오. 눈물로 호소하며 동정을 사는 글을 쓰고 싶진 않으니까."

이렇게 해서 장 루이는 두 아들에 대한 이야기를 집필하기 시작했다. 2008년 프랑스에서 《아빠, 어디 가? Ou On Va, Papa?》라는 제목으로 출간한 책이 바로 그것이다. 장 루이는 이 책 서문에서 다음과 같이 적었다.

"사랑하는 아들 마튜, 사랑하는 아들 토마에게. 너희들이 어렸을 때, 난 성탄절이 되면 왠지 너희에게 책을 선물하고 싶다는 충동을 느끼곤 했단다. 하지만 단 한 번도 책을 선물하진 않았지. 그럴 필요가 없었으니까. 너희들은 글을 읽을 줄 몰랐거든. 그런데 지금 아빠는 너희들에게 또 책 한 권을 선물하려 한단다. 내 아들들을 위해 아빠가 쓴 책이야. 우리 모두가 너희들을 기억하기 위해 쓴 책이요, 너희들이 그저 장애인증명서에 붙여진 사진으로만 남지 않도록 하기 위해 쓴 책이란다. 그리고 지금까지 내가 하지 못한 말들을 적은 그런 책…."

책이 출간되자마자 언론과 독자들 사이에서 큰 화제가 되었다.

"장 루이에게 이런 아픔과 슬픔이 있었다니!"

"역시 장 루이다워. 이런 슬픈 이야기를 이렇게 재미있고 유머러스하게 쓰다니."

"역시 타고난 이야기꾼이야."

"지나치게 우울하지도, 지나치게 잔인하지도 않을 만큼 적절한 톤으로 써내려간 문체. 장애에 대한 이야기를 이렇게 풀어나간 책은 여태껏 없었다."

하늘나라로 먼저 간 마튜 이야기와 점점 더 멍하니 자신만의 세계로 빠져들고 있는 토마 이야기는 많은 감동을 이끌어냈다. 무엇보다 솔직하고 거침없는 장 루이의 글솜씨에 많은 이가 공감하고 눈물을 흘렸다.

"난 좋은 아빠가 아니다. 너희들을 참아낼 수 없던 적이 많았단다. 사랑하기에는 너무 버거운 아이들이었거든. 너희들을 키우기 위해서는 천사의 마음, 천사의 인내가 필요했다. 하지만 불행하게도 아빠는 천사가 아니란다. 우리가 함께 행복한 시간을 보내지 못해 얼마나 후회스러운지 너희들에게 말하고 싶어. 그리고 어쩌면 건강하게 낳아주지 못한 이 아빠가 용서를 구하는 것일지도 몰라."

　그는 여전히 프랑스인들이 좋아하는 작가이다. 의인화한 하느님의 눈을 통해 인간 사회의 물질만능주의와 이기주의를 날카롭지만 유머러스하게 꼬집은 《하느님의 이력서》를 비롯해 《나의 아빠 닥터 푸르니에》, 《지옥에 가지 않겠어》, 《나의 마지막 남은 검은 머리카락 하나》, 《바보 같은 녀석아, 예의를 가르쳐주마》, 《얼룩소, 또 얼룩소, 미치지 말아라 얼룩소》 등 수십 권의 베스트셀러를 집필했다. 장 루이는 현재 프랑스에서 둘째 아들 토마, 막내딸 마리와 함께 살고 있다.

　죽음 앞에 자유로운 사람은 없다. 당신이 만나는 모든 사람이 지상에서 마지막 날을 보내고 있다는 생각으로 대하라. 또한 당신도.

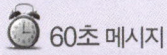 **60초 메시지**

훌륭히 죽기를 원한다면 훌륭히 살기를 배워라

죽음에도 연습이 필요하다. 갑자기 맞는 죽음은 본인이나 가족이 감당할 수 없을 만큼 큰 아픔이고 슬픔이다. 내가 아는 사람은 1년에 한 번씩 유언장을 남긴다. 자신이 죽게 되면 벌어질 모든 일에 대해 빼꼭히 적는 것이다. 사업이 잘 되는 해에는 모아놓은 재산에 대해 자세히 쓰기도 하고, 사업이 잘 되지 않아 빚이 많은 해는 유산 포기 각서에 대한 자세한 설명을 덧붙인다. 가장 중요한 것은 가족에게 일일이 편지를 쓰는 것이다. 자신이 얼마나 가족을 사랑하는지에 대해 쓰다 보면 절로 눈물이 난다고 한다. 그러면 더욱 잘해줘야겠다는 생각과 삶의 동기 부여도 생긴다고 한다. 적어도 3년에 한 번씩은 자신의 유언장을 써보는 게 어떨까. 가족 한 사람 한 사람에게 편지를 써보는 것도 좋을 듯하다.

"죽음과 동시에 잊히고 싶지 않다면 읽을 가치가 있는 글을 쓰라. 또는 글로 쓸 가치 있는 일을 하라."
벤저민 프랭클린(Benjamin Franklin)

......

시작하고 실패하는 것을 계속하거라.
실패할 때마다 무엇인가 성취할 것이야.
네가 원하는 것을 성취하지 못할지라도
가치 있는 무엇인가를 얻게 될 거야.
시작하고 실패하는 것을 멈추지 말거라.
계속 앞으로 나아가거라.

헬렌 켈러를 세계적인 인물로 키운 앤 설리번

시작하고 실패하는 것을 멈추지 않는 삶을 살아라

"아아악!"

미국 보스턴의 한 병원 보호소. 앤이 주사를 놓으려는 간호사를 향해 소리를 질렀다.

"저리 가! 가까이 오지 마! 죽여버릴 테야!"

소리에 놀란 의사와 병원 관계자들이 앤의 병실로 들어왔다.

"무슨 일이야?"

의사가 묻자 주사기를 든 간호사가 말했다.

"앤이 주사를 맞지 않으려고 해요. 절 죽이겠다고 협박하고 있어요."

의사가 알았다는 듯이 고개를 끄덕이고 앤에게 다가갔다.

"앤. 무엇 때문에 화가 났는지 모르겠지만 넌 이 주사를 맞아야 해. 자, 팔을 내밀려무나. 내가 직접 놔줄게."

앤이 주사기를 손으로 치며 말했다.

"모두 다 꺼져버려! 내 몸에 조금이라도 손 댔다가는 다 죽여버릴 테야. 너희들이 잘못 놓은 주사 때문에 내 눈이 점점 보이질 않잖아. 이 돌팔이들아!"

앤의 완강한 저항에 의사와 간호사는 할 수 없이 병실을 나갔다.

그날 밤 담당 의사가 병원장을 찾아가 말했다.

"앤이 위험한 상태입니다. 저대로 그냥 두었다가는 정말 자살할지도 몰라요. 벌써 자살 시도만 세 번째입니다."

"그럼 어쩌면 좋겠소?"

"현재로서는 회복이 불가능합니다. 일반 지하 독방에 수용하는 게 좋을 것 같습니다. 약물치료와 정신치료를 함께 받아야 합니다. 보살펴줄 간호사도 필요하고요."

"으음. 그럼 그렇게 하시오."

그날부터 앤은 지하 독방에 수용되었다.

'나처럼 기구한 운명이 또 있을까?'

앤은 자신이 살아온 인생을 돌아보며 눈물을 흘렸다. 어느 동화 속의 주인공도 자신처럼 불행한 삶을 살지 않았다고 생각했다. 앤의 아버지는 알코올 중독자였고 어머니는 앤이 여덟 살 때 결핵으로 세상을 떠났다. 앤과 동생은 아버지의 폭력을 견디지 못해 집을 나왔고, 결국 보호 시설에 맡겨졌다. 불행은 여기에서 끝나지 않았다. 동생마저 보호 시설에서 병으로 세상을 떠난 것이다. 하나밖에 없는 혈육을 잃은 앤은 그때부터 정신이 나갔다. 미친 듯이 소리치고 수시로 자살 소동을 벌였다. 더구나 결막 질환인 트라코마에 감염되어 치료를 받는 과정에서 점차 시력을 잃어가고 있었다. 최악의 상황이었다.

회복 불가능 환자로 분류되어 독방에서 특별 관리를 받던 앤에게 천사가 나타났다. 그녀의 이름은 로라. 백발이 성성한 노간호사였다. 아무도 앤의 간호를 맡지 않으려 하자 로라가 자원한 것이다.

"난 오늘부터 네 친구야. 우리 친하게 지내자."

앤은 반응하지 않았다. 로라는 정신과 치료라기보다 그냥 친구가 되어주었다. 날마다 과자를 들고 가서 책을 읽어주고 앤을 위해 기도도 해주었다. 그렇게 한결같이 사랑을 쏟았지만 앤은 좀처럼 마음의 문을 열지 않았다. 로라가 준 음식도 먹지 않았다.

어느 날 로라는 자신이 놓아둔 접시에서 초콜릿 하나가 없어진 것을 발견했다. 앤이 서서히 마음을 열기 시작한 것이다. 로라는 아무 일도 없었다는 듯 평소처럼 책을 읽어주고 앤을 위해 기도했다. 로라의 지극정성 때문이었을까. 앤은 음식을 함께 나눠 먹고 책에 대해 토론하기도 했다. 주사도 맞고 약도 먹었다. 덕분에 조금씩 정상을 되찾기 시작했다.

2년의 세월이 흘렀다. 병원 측은 로라를 불러 앤의 상태를 체크했다.
"아주 정상입니다. 약도 잘 복용하고 음식도 잘 먹습니다."

정상 판정을 받은 앤은 파킨스 시각장애아학교에 입학했고, 교회에 다니면서 밝은 웃음을 되찾았다. 가끔 로라가 찾아와 함께 요리도 하고 책도 읽어주었다. 이렇게 앤은 인생에서 가장 행복한 시간을 맞이했다. 하지만 행복은 짧았다. 나이가 많던 로라가 지병으로 세상을 떠난 것이다.

'로라는 내 인생의 가장 소중한 사람이었어. 나를 아껴주고 이해해주고 사랑해준 아주 고마운 사람. 그런 로라 때문에 지옥 같은 내 삶이 밝아졌어. 나는 이 빚을 갚아야 해. 로라처럼 나도 누군가의 빛이 되어줘야 해. 그러기 위해서는 지금 학교 공부에 충실해야 해.'

앤은 밤낮을 가리지 않고 공부한 끝에 최우등생으로 졸업했다. 한 신문사의 도움으로 개안수술에도 성공하는 기쁨을 안았다. 하루하루가 축복이고 고마움의 연속이었다.

어느 날 앤의 눈에 신문기사 하나가 눈에 띄었다.

-보지 못하고, 듣지 못하고, 말하지 못하는 소녀를 돌볼 사람을 구합니다.

앤의 눈이 커졌다.

'바로 이 아이야. 내가 이 아이를 돌봐야 해. 이 아이를 돌볼 사람은 나밖에 없어.'

며칠 뒤 신문사로 찾아간 앤 앞에는 일곱 살짜리 어린 소녀가 서 있었다. 소녀의 이름은 훗날 '빛의 천사'라 불리며 작가와 사회사업가로 활동한 헬렌 켈러였다.

"안녕, 헬렌. 나는 앤 설리번이라고 해."

20세기 최고의 기적이라고 일컫는 앤 설리번과 헬렌 켈러의 만남은 그렇게 시작되었다.

"헬렌, 이렇게 나를 따라해봐."

앤은 로라가 자신에게 한 것처럼 헬렌의 입을 쓰다듬어 입 모양을 통해 발음을 익히도록 했다. 헬렌이 하버드 대학에 다닐 때는 모든 수업을 함께 들으면서 노트 대신 헬렌의 손에 강의 내용을 적어주었다. 그렇게 둘은 48년이라는 긴 세월을 함께했다. 헬렌 켈러는 평생 눈으로 보는 것과 귀로 듣는 것에 실패했지만, 앤 설리번 덕분에 많은 사회 활동을 할 수 있었다. 앤이 헬렌의 귀와 눈이 되어주었기에 가능한 일이었다. 헬렌이 얼마나 앤을 의지하고 사랑했는지는 그녀의 책에 잘 나와 있다.

"제가 만약 사흘 동안만 볼 수 있다면 가장 첫날은 앤 설리번 선생님의 얼굴을 보고 싶습니다. 항상 사랑과 희망과 용기를 불어넣어주신 선생님이 없었다면 저도 없었을 것입니다. 둘째 날은 새벽 먼동이 터 오는 모습과 꽃과 풀과 노을을 보고 싶습니다. 셋째 날은 큰길로 나가 부지런히 출근하는 사람들의 활기찬 모습을 보고 싶습니다."

헬렌 켈러에 대해선 많은 사람이 알지만 정작 그녀를 위대하게 만든 앤 설리번에 대해서는 잘 모른다. 하지만 앤은 보지도 못하고 듣지도 못하고 말하지도 못하는 삼중고를 안고 있던 헬렌 켈러를 세계적인 인물로 만든 주인공이었다. 헬렌을 가르칠 수 있는 방법이 감각 기관을 이용하는 것뿐이라 항상 손과 손을 맞잡고 있어야 했다. 마침내 헬렌은 하버드 대학을 졸업하고 법학 박사 학위까지 받았다. 적극적으로 사회 활동에 참여해 자유의 메달과 레지옹 도뇌르 훈장도 받았다. 모두 앤이 없었다면 불가능한 일이었다. 앤은 기회가 있을 때마다 헬렌에게 똑같은 말을 반복했다.

"시작하고 실패하는 것을 계속하거라. 실패할 때마다 무엇인가 성취할 것이야. 네가 원하는 것을 성취하지 못할지라도 가치 있는 무엇인가를 얻게 될 거야. 시작하고 실패하는 것을 멈추지 말거라. 계속 앞으로 나아가거라."

패자들은 자신의 환경 탓만 한다. 하지만 승자는 자신에게 불리한 환경이 있다면 그걸 바꾸기 위해 끊임없이 변화하고 노력한다.

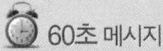 60초 메시지

아무리 긴 터널이라도 끝이 있기 마련이다

고난과 역경 없는 삶이란 없다. 인간이라면 누구나 좌절과 아픔을 겪는다. 단지 두 사람만 있을 뿐이다. 고난과 역경이 왔을 때 그 자리에 털썩 주저앉는 사람과 툴툴 털어버리고 다시 일어서는 사람. 인간의 앞길을 막는 것은 커다란 산이 아니다. 작은 돌덩이나 나무 뿌리가 발목을 잡는다. 아무리 힘든 일이라도 지나고 보면 아무렇지 않은 것 또한 다 이런 이유 때문이다.

세상에 영원한 것은 없다. 아무리 힘든 고난과 역경도 언젠가는 끝이 있기 마련이다. 단지 그것을 앞당기느냐 지속시키느냐는 개인에 따라 다르다. 인생의 함정에 빠졌다면 빨리 그곳을 벗어나라. 할 수 있는 모든 일을 다하라. 생각만 해서는 안 된다. 가능하든 불가능하든 먼저 행동하는 것이 중요하다.

"가만히 서서 바다를 바라보기만 해서는
바다를 건널 수 없다."
타고르(Tagore)

......
때론 미친 척하고
딱 20초만 용기를 내볼 필요가 있어.
진짜 딱 20초만 창피해도 용기를 내보는 거야.
그럼 장담하는데, 멋진 일이 생길 거야.

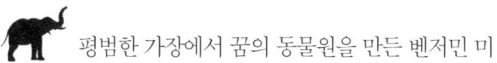
평범한 가장에서 꿈의 동물원을 만든 벤저민 미

때론 미친 척하고
딱 20초만 용기를 내봐

맷 데이먼과 스칼렛 요한슨이 주인공으로 열연한 영화 〈우리는 동물원을 샀다〉에는 짧은 시간과 용기에 대한 명대사가 나온다. 아들이 여자 친구에게 고백하는 것을 망설이자 아버지인 맷 데이먼이 인생 조언을 하는 장면이다.

"때론 미친 척하고 딱 20초만 용기를 내볼 필요가 있어. 진짜 딱 20초만 창피해도 용기를 내보는 거야. 그럼 장담하는데, 멋진 일이 생길 거야."

아들은 아버지의 조언대로 여자 친구를 찾아가 고백한다. 딱 20초만 창피함을 잊기로 한 것이다. 결국 아들은 여자 친구와 첫 키스를 한다. 영화의 이 장면을 결코 잊을 수 없다. 공감이 가기 때문이다. 20초라는 시간은 의외로 길다. 이 시간을 망설이다가 평생을 후회하기도 하고 뜻하지 않은 행운을 얻기도 한다. 결국 인생이란 선택을 잘한 사람이 승리하는 것이다. 이 영화의 실제 주인공 벤저민 미(Benjamin Mee) 또한 그런 사람이다.

"어때? 멋있지? 칙칙하고 비가 자주 오는 런던과는 비교도 안 되지? 이제 이곳에서 우리의 새로운 삶을 시작하는 거야. 바게트와 치즈, 와인을 마음껏 즐기면서 말이야."

벤저민의 말에 아내 캐서린과 두 아이가 박수를 쳤다. 영국의 유명 신문 〈가디언〉을 비롯해 몇몇 잡지의 칼럼니스트로 활동하고 있는 벤저민. 그가 런던의 아파트를 팔고 남부 프랑스 중심부에 있는 아름다운 헛간 두 채를 사들였다. 20평짜리 소박한 보금자리에서 360평의 넓은 천국으로 이사한 것이다. 무엇보다 벤저민을 매료시킨 것은 이곳이 프랑스 전역을 통틀어 강수량이 가장 적은 지역에 속한다는 것이었다. 그만큼 벤저민은 안개가 자주 끼고 비가 수시로 내리는 변덕스러운 런던 날씨가 싫었다.

"이곳의 자연을 벗 삼아 더 멋진 칼럼을 쓸 거야."

벤저민은 이곳이 정말 자기 집 같다는 생각이 들었다.

"캐서린, 이제 우리 정식으로 부부가 되자."

이미 두 아이를 두었지만 결혼한 적이 없는 둘은 이곳에서 결혼식을 올렸다. 동거를 시작한 지 9년 만의 일이었다. 캐서린은 이곳과 잘 맞았다. 틈나는 대로 프랑스어를 배워 동네 사람들과 친근하게 지냈다. 아이들도 이곳을 좋아했다.

뜻하지 않은 불행이 찾아온 것은 몇 달 지나지 않아서였다. 아내 캐서린이 편두통을 호소하기 시작한 것이다. 머리를 감싸고 괴로워하는 아내를 보다 못한 벤저민이 말했다.

"병원에 가 봐. 요즘 스트레스를 너무 많이 받아서 그런 걸 거야. 너무 염려하지 말고."

병원에서 검사를 받은 캐서린은 의사로부터 충격적인 이야기를 들었다. 뇌에서 종양이 발견되었던 것. 캐서린은 얼른 벤저민에게 연락을 취했고, 놀란 벤저민은 부리나케 병원으로 달려왔다.

"거짓말이라고 말해주세요. 제발."

벤저민은 의사에게 애원하듯이 말했다. 하지만 의사가 보여준 MRI 영상에는 캐서린의 좌측 두정엽에 골프공만 한 검은색 덩어리가 선명했다. 전공인 심리학을 공부할 때 MRI에 대해 배운 적이 있는 벤저민은 그 검은색이 무엇을 의미하는지 잘 알았다. 벤저민은 의사에게 물었다.

"수술하면 살 수 있는 겁니까?"

"아직 장담할 수 없습니다. 하지만 빨리 수술에 들어가야 합니다."

수술은 성공적으로 끝났지만 의사는 제거한 종양 조직의 생김새가 심상치 않다며 다시 자라날 거라고 경고했다. 며칠간 열심히 인터넷을 뒤진 벤저민은 크게 낙담했다. 영국과 미국의 의사협회, 세계적인 암 연구 기관들에도 문의해봤지만 뇌종양 4기에 해당하는 교모세포

종 환자는 생존 확률이 적다는 대답뿐이었다.

"평균 생존 기간은 9개월에서 10개월 정도입니다. 50퍼센트가량은 1년까지 살았고 3퍼센트만이 3년 이상을 살았죠."

의사의 말에 벤저민은 절망했다. 삶의 가장 행복한 순간에 가장 사랑하는 사람을 잃게 된다는 사실이 믿기지 않았다. 게다가 아직 어린 아이들에겐 엄마의 사랑이 필요했다.

"전 죽는 건가요?"

캐서린의 말에 벤저민은 침착하게 대답했다.

"무슨 그런 끔찍한 소리를 해. 요즘 의학이 얼마나 발달했는지 알아? 당신은 누구보다 오래 살 거야."

벤저민은 에둘러 말했지만 둘은 이미 알고 있었다. 머지않아 그들이 작별해야 한다는 사실을.

-푸른 삼림과 아름다운 해안으로 둘러싸인 3만 평짜리 동물원을 팝니다. 저택도 딸려 있습니다.

어느 날 벤저민은 다트무어 야생공원의 매각 광고를 보았다. 그곳은 영국 사우스햄스의 푸른 삼림지와 아름다운 해안으로 둘러싸인 동물원으로 시골 저택도 딸려 있었다. 그 광고를 보자마자 벤저민은 전기에 감전된 것처럼 전율이 일었다.

"바로 이거야. 이 동물원을 사야겠어."

벤저민은 얼른 이곳을 떠나고 싶었다. 처음에는 천국이라 생각했지만 캐서린에게는 지옥 같은 곳이라는 생각이 들었기 때문이다. 캐서린이 죽기 전에 더 멋지고 알찬 시간을 보내고 싶었다. 또한 동물들과 생활하다 보면 아내의 병이 나을지 모른다는 생각이 들기도 했다. 우연찮게 며칠 전 아버지가 돌아가시면서 막대한 유산을 남긴 것도 벤저민의 결심을 부추겼다.

어느 날 벤저민의 제안으로 가족회의가 열렸다.

"그곳 동물원을 사자고?"

벤저민의 형이 놀라서 물었다.

"동물원 안에 저택이 있어. 아버지 유산을 처분하면 우리 3대가 모두 살 수 있는 넓은 집이라고. 더구나 지금 그 동물원을 살 사람이 없어 그곳 동물들이 모두 죽을 위기에 처했대."

"벤저민, 네 마음은 이해해. 하지만 이건 마트에서 물건을 사는 것과 달라. 우리 좀 더 생각해보자."

그날부터 벤저민은 형을 비롯해 어머니와 여동생을 설득하기 시작했다. 벤저민의 끈질긴 부탁에 가족은 항복을 선언했다. 어머니는 집과 땅을 팔아 120만 파운드를 마련하고 형제들의 전 재산을 모아 동물원 구입에 나섰다. 처음에는 벤저민 혼자만의 망상이라고 여겼던 가족도 동물원 운영이 인생을 걸 만한 일이라는 쪽으로 점점 생각이 바뀌었다. 하지만 벤저민 가족에게는 커다란 난관이 놓여 있었다.

"애석하게도 유찰되었습니다."

그해 첫 입찰에서 동물원을 운영해본 경험이 없다는 이유로 퇴짜를 맞은 것이다. 하지만 여기서 포기할 벤저민이 아니었다. 그는 동물원 운영 계획을 비롯해 사업 포트폴리오를 들고 끈질기게 담당 공무원을 설득했다. 마침내 동물원 인수에 성공한 벤저민은 가족을 데리고 동물원으로 이사했다. 동물원에는 새로운 가족이 기다리고 있었다. 시베리아 호랑이 5마리, 아프리카 사자 4마리, 늑대, 곰, 퓨마, 원숭이와 보아뱀 심지어 독거미까지. 동물 식구는 모두 200여 마리가 넘었다. 가족이 모두 모인 자리에서 벤저민이 말했다.

"그동안 고생 많았습니다. 결국 우리가 동물원을 구입했습니다. 이게 다 가족 덕분입니다. 오늘부터 우리의 목표는 오직 하나입니다. 이 동물원을 되살려서 다시 문을 여는 것입니다."

하지만 재개장은 벤저민의 생각만큼 쉽지 않았다. 호랑이들은 툭하면 우리를 탈출해 사람들을 공포에 떨게 만들었고 재정은 점점 빠듯해졌다. 설상가상으로 아내 캐서린마저 뇌암 재발로 세상을 떠났다. 슬픔에 잠긴 벤저민은 동물원을 포기할까도 생각했다. 하지만 그에게는 자신을 믿고 전 재산을 투자한 가족과 어린 두 아이가 있었다. 게다가 이제는 동물 식구까지 벤저민의 손에 달렸다. 벤저민은 그들을 생각하며 이 난관에서 빠져나오기 위해 안간힘을 썼다.

"동물원을 운영하는 일은 생의 주기를 따르는 것과 같다. 새끼 돼지나 사슴처럼 어떤 생명은 태어나고, 호랑이 '스파'나 올빼미처럼 그리고 캐서린처럼 어떤 생명은 죽는다. 나나 아이들, 던컨 형, 어머니가 하늘이 무너져내리는 슬픔을 겪는다 해도 삶은 계속된다. 농사를 짓는 것과도 비슷하다. 한 사람이 빠졌다고 멈출 수는 없다."

벤저민의 노력에 감탄한 이웃들도 그에게 도움의 손길을 내밀었다. 유효 기간이 지난 야채와 과일을 공짜로 주고 보수도 받지 않고 일을 도왔다. 마침내 2007년 벤저민 가족은 '다트무어 동물원'이라는 간판을 걸고 재단장한 동물원을 사람들에게 선보였다. 테이프 커팅을 마친 벤저민은 사람들 앞에 서서 말했다.

"인생 전체가 마치 이 순간을 위한 준비였던 것 같습니다. 전 돈을 벌려는 욕심이 없습니다. 이 동물원을 잘 운영하면서 아내와의 즐거웠던 기억, 우리 가족의 꿈을 유지하기 위해 노력하겠습니다. 그리고 여기에 있는 동물 가족 또한 진심으로 대할 것입니다. 진정 가치 있는 일을 위해 온몸을 던지고 자신의 믿음과 노력이 풍성한 열매를 맺는 기쁨을 누릴 기회는 아무에게나 오지 않습니다. 여기에 있는 우리 가족과 직원들은 그 기회를 잡은 사람이라고 생각합니다. 오늘부터 이곳은 우리의 일터이자 꿈이고 미래가 될 것입니다."

벤저민의 연설이 끝나자 여기저기서 박수 소리가 울려 퍼졌다. 몇몇은 울먹이기도 했다. 자연 보호와 교육이라는 테마를 내세운 벤저민의 동물원은 지역의 인기 나들이 장소로 점차 자리 잡았다. 소문은 꼬리에 꼬리를 물고 번져나갔다. 급기야 영국 BBC TV에서는 〈벤의 동물원〉이라는 이름으로 다큐멘터리를 제작하기도 했다. 그 덕분에 동물원은 사람들로 들끓고 재정난에서도 벗어날 수 있었다.

기적은 여기에서 끝나지 않았다. 다큐멘터리를 본 카메론 크로 감독은 벤저민의 이야기를 영화로 만들었다. 2001년 〈우리는 동물원을 샀다 WE BOUGHT A ZOO〉라는 이름으로 개봉된 영화는 당대 최고의 인기 배우 맷 데이먼과 스칼렛 요한슨이 주연하고 다코타 패닝의 여동생 엘르 패닝이 조연으로 출연해 세계적으로 큰 인기를 누렸다.

"내겐 꿈이 있다. 관람객이 밀려들어 다트무어 동물원이 세계적 수준으로 발돋움하는 잠재력을 갖는 것. 그리하여 이 행성을 대상으로 인류가 자행해온 냉혹하고 자멸적인 공격을 좌절시키거나 늦추거나 약화시키려는 세계의 노력에 작지만 확실하게 힘을 보태는 것. 희망을 가질 만한 이유는 충분하다. 자금도 마련되었고 구체적인 계획도 있다. 그러니 성실하게 땀을 흘리기만 하면 틀림없이 이룰 수 있는 꿈이었다. 그리고 그런 노력이라면 얼마든지 할 수 있다. 진정 가치 있는 일을 위해 온몸을 던지고, 자신의 믿음과 노력이 풍성한 열매를 맺는 기쁨을 누릴 기회는 아무에게나 오지 않는다."

벤저민이 운영하는 다트무어 동물원은 매년 수십만 명의 방문객이 찾는 세계적인 명소가 되었다. 벤저민은 각종 강연과 자선 사업을 하며 오늘도 자신의 꿈을 향해 걸어가고 있다.

한 사람의 꿈은 작은 꿈으로 남지만 많은 사람의 꿈이 모이면 기적을 이루는 현실이 된다.

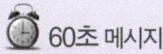 **60초 메시지**

모험을 망설이는 당신에게 잡스가 보내는 메시지

모험은 젊을 때 해야 하는 겁니다.

부양할 가족도 자녀도 집도 없을 때요. 리스크가 적잖아요.

만일 당신이 깨지고 데이고 모든 걸 잃는다 해도

그 과정에서 얻는 경험은 잃는 것의 10배만큼의 가치가 있을 겁니다.

사실, 인생에서 당신이 가진 유일한 자산은 '시간'입니다.

그 시간을 자신에게, 자기 자신을 향상시킬 수 있는 멋진 경험을 쌓는 데

투자한다면 당신이 손해 볼 가능성은 결단코 없습니다.

기다리지 마세요. 젊을 때 뭐라도 하세요.

아무것도 잃을 게 없을 때.

나이가 들면서 갖게 될 '타인에 대한 의무'가 없을 때 시작하는 겁니다.

"산다는 것은 천천히 태어나는 것이다."
생텍쥐페리(Saint Exupery)

......
이제는 당신이
이 시합을 하려는 이유를 조금은 알아요.
그러니 당신이 누군지만 기억하세요.
당신은 버건의 불독 그리고 뉴저지의 자랑이에요.
당신은 모두의 희망이고, 당신 아이들의 영웅이에요.
그리고 당신은 제 마음 속의 영원한 챔피언이에요

무일푼에서 세계 헤비급 챔피언이 된 제임스 브래독

기회를 얻은 것에 감사하며 하루에 충실하라

"나는 헝그리 복서다."

스스로를 이렇게 표현했지만 제임스 브래독(James Braddock)은 아마추어 시절 주목받는 유망주였다. 100여 차례의 풍부한 경기 경험을 가지고 있었고, 빠른 발과 강력한 라이트 훅은 프로에 와서도 빛을 발했다. 프로에 데뷔하자마자 '미래의 챔피언'으로 대접받으며 엄청난 대전료를 손에 쥐었다.

"역시 제임스 브래독은 뉴저지의 영웅이야."

"뉴저지뿐만 아니라 미국의 영웅이지. 헤비급에서는 이제 제임스 브래독을 꺾을 인물이 없을 거야."

1930년대 대공황 시절 미국은 암흑기였다. 많은 사람이 배고픔과 영양 부족에 시달렸고 직업을 잃은 남성들의 자살률이 급증했다. 이런 시기에 나타난 제임스 브래독은 많은 이들에게 희망과 기쁨을 안겨 주었다.

　하지만 연승을 달리던 제임스 브래독의 앞날에도 먹구름이 끼기 시작했다. 수많은 돈을 벌자 연습을 소홀히 하기 시작한 것이다. 결국 브래독은 다섯 번의 시합에서 연거푸 네 번을 졌다. 이제 그는 더 이상 주목받는 유망주가 아니었다. 사람들은 손가락질을 하기 시작했다.

　"뉴저지의 투견 좋아하시네. 뉴저지의 노장이 더 어울리겠네."

　그러던 어느 날, 어렵게 잡은 시합에서 공격 한 번 제대로 못하고 주저앉았다. 부상당한 왼손을 제때 치료하지 못했기 때문이다. 상대방 선수도 투지가 없기는 마찬가지였다. 결국 관중은 링 안에서 어슬렁거리는 둘을 향해 야유를 퍼붓기 시작했다. 먹던 음식이 링 안으로 날아들고, 장내는 아수라장이 되었다.

　시합이 끝난 후 협회 임원이 브래독을 불렀다.

　"오늘부로 자네는 복싱협회에서 제명되었네. 자네 같은 선수는 필요 없어."

　브래독이 사정을 이야기하려 하자 임원이 가로막으며 말했다.

　"지금 밖에서 나는 저 소리가 들리지 않아? 관객들이 입장료를 돌려 달라고 난리네. 변명 따윈 필요 없어. 내일부터 자네는 다른 일을 찾아봐야 할 걸세. 참, 오늘 대전료는 없네."

　브래독의 머릿속에 지난 일이 스쳐 지나갔다. 모든 게 잘될 거라 확신했던 미래가 잿빛 어둠으로 바뀌었다.

'어쩌다 내가 이렇게 되었을까.'

집으로 돌아온 브래독은 몇 날 며칠을 방에만 처박혀 지냈다.

'모든 게 끝났어. 난 권투밖에 할 수 없는 놈이야. 근데 이제 권투도 할 수 없게 됐어. 난 패배자야. 링에서 쫓겨난 패배자라고!'

복싱을 할 수 없게 된 브래독은 아내와 자식들에게 아무것도 해줄 수 없는 현실이 안타까웠다. 권투를 해서 모은 돈은 어느새 바닥을 드러내고 미국 경제는 대공황의 늪에서 허덕였다. 일자리를 구하기조차 쉽지 않은 시기였다.

어느 날 아내가 말했다.

"아이들을 친정으로 보내야겠어요."

"안 돼. 그럴 순 없어."

"전기와 가스가 끊겼다고요! 아이들이 아픈데 돈이 없어 병원에도 못 가는 우릴 봐요. 아이들에게 우유 사줄 돈도 없는 게 우리 현실이라고요! 제발, 브래독. 아이들을 친정으로 보내요. 아버지와 동생이 잘 돌봐줄 거예요."

비참하고 기막힌 현실에 브래독은 사정하듯 말했다.

"언젠가 첫째 녀석이 소시지를 훔치다가 나한테 들킨 적이 있어. 그때 내가 말했지. 아무리 힘들어도 도둑질은 안 된다고. 그리고 약속했어. 아무리 힘들어도 녀석을 다른 곳으로 보내는 일은 없을 거라고. 여보, 난 그 약속을 지켜야 해. 당신과 내 아이들을 스스로 지킬 수 있게 기회를 줘."

그날부터 브래독은 옛 동료를 찾아다니기 시작했다.

"이렇게 부탁하겠네. 지금 아이들이 굶고 있다네. 제발 몇 푼이라도 도와주게나."

"잘나가던 뉴저지의 투견이 어쩌다 이 지경이 되었을까."

딱한 사정을 들은 동료들은 브래독의 손에 돈을 쥐어주었다. 하지만 그렇게 받는 도움도 한두 번이었다. 결국 그는 낮에는 인력 시장에서 일하고 밤에는 뉴욕 한복판에서 모자를 들고 구걸하기 시작했다.

그래도 브래독을 기억하는 사람이 있어 천만다행이었다. 그 사람의 소개로 브래독은 부두에서 일용직으로 일할 수 있게 되었다. 밤낮으로 열심히 일했지만 주급이 워낙 낮아 사정은 좋아지지 않았다.

'다시 권투를 시작할 수 있다면, 다시 링에 오를 수만 있다면 내 모든 것을 불태울 거야. 제발 누가 내게 기회를 줘!'

브래독은 피곤한 몸을 이끌고 집으로 돌아와서도 권투 연습을 게을리하지 않았다. 그건 언젠가는 링에 다시 설 수 있다는 희망이었고, 그를 지탱하는 힘이었다. 그리고 마지막 남은 자존심이기도 했다.

브래독의 희망이 통해서일까? 그를 유심히 지켜보던 협회 관계자가 다시 선수 자격을 회복시켰다. 이렇게 해서 은퇴 선수였던 브래독은 조 굴드 코치의 지원을 받으며 본격적으로 재기를 준비했다. 첫 게임에서 이긴 그는 두 번째 게임에서도 승리를 거두었다. 그의 연승에 떠났던 팬들이 돌아오기 시작했다. 투지 넘치는 그의 경기에 매료되어 새로운 팬들도 생겼다.

"브래독이 전혀 딴사람이 되어 돌아왔군. 웰컴!"

"더 빠르고 강해졌어. 역시 사람은 역경을 거쳐야 강해지는 거야."

승리를 거듭할수록 브래독은 어려운 사람들의 우상이 되었다. 권투 협회에서 제명된 후 아이들의 우유값을 벌기 위해 막노동과 구걸했다는 사실이 알려졌기 때문이다. 대공황의 늪에서 절망하던 사람들은 브래독의 끈기와 집념에 감격했다. 무엇보다 브래독이 가정을 지키고 자신의 꿈을 잃지 않기 위해 부단히 노력했다는 게 사람들의 마음을 움직였다.

"브래독은 신데렐라맨이다."

어느 날 스포츠 작가인 데이먼 러니온이 그를 그렇게 묘사했다. 브래독의 인생 역정이 구박과 멸시를 견디고 행복한 결실을 맺은 신데렐라와 비슷하다고 해서 붙여진 별명이었다. 그때부터 사람들은 브래독을 신데렐라라고 불렀다.

연승에 연승을 거듭하던 브래독에게 한 기자가 물었다.

"대단한 연승입니다, 브래독 씨. 당신은 권투 협회에서 제명당했고 몇 년 동안 링에 서지도 못했습니다. 하지만 재기전 이후 당신은 연전연승을 거듭하고 있습니다. 이 성공적인 복귀의 비결은 대체 무엇입니까?"

그러자 브래독이 웃으며 대답했다.

"예전에는 갖은 부상에 시달렸습니다. 손이 자주 부러졌고 원정 경기를 가다가 자동차 사고를 당해 후유증에 시달리기도 했습니다. 그러나 지금은 몸이 좋습니다. 예전보다 가볍고 더 빨라졌습니다."

기자가 고개를 갸우뚱하며 물었다.

"그뿐입니까? 예전보다 더 몸이 좋아졌기 때문이다?"

브래독이 대답했다.

"가장 큰 변화는 예전과 달리 이제는 내가 무엇을 위해 링에서 싸워야 하는지 알고 있다는 겁니다."

기자가 호기심 어린 눈으로 되물었다.

"그게 뭡니까?"

브래독이 짧게 대답했다.

"우유(Milk)."

기자는 순간 브래독이 말한 우유가 무엇을 뜻하는지 알 수 있었다. 그건 다시는 아이들을 굶기지 않겠다는 브래독의 신념이요, 의지였다. 다시는 자신의 일터인 링에서 쫓겨나는 일이 없도록 하겠다는 다짐이기도 했다.

'이제 챔피언이 될 시간이네.'

모두의 예상을 깨고 연승 행진을 기록하던 브래독에게 챔피언 자리에 도전할 수 있는 기회가 왔다. 당시 챔피언은 '살인 주먹'이라는 별명을 가진 맥스 베어. 얼마나 강한지 그의 주먹을 맞은 2명의 선수가 생명을 잃을 정도였다.

"브래독이 승리할 확률은 10퍼센트에 불과하다."

복싱 전문가들의 말에 누구도 토를 다는 사람이 없었다. 그만큼 맥스 베어는 젊고 강했다. 누가 봐도 나이 많은 브래독이 열세였다.

결전의 날. 대기실에 앉아 있는 브래독 앞으로 아내가 다가왔다.

"몸은 어때요? 괜찮아요?"

"좋아. 걱정하지 마. 곧 끝날 거야."

부인은 글러브를 끼고 있는 브래독을 물끄러미 쳐다봤다. 어려운 시절도 있었지만 자신과 아이들한테만은 언제나 다정다감하고 책임감 있는 가장이었다.

"여보, 전 며칠 전까지만 해도 당신이 이 힘든 시합을 왜 하는지 이해하지 못했어요. 돈도 벌만큼 벌었잖아요. 맥스 베어는 젊고 강해요. 그에게 목숨을 잃은 사람도 있어요."

"링은 내게 전부야. 내가 링을 함부로 떠나서 우리 가족이 어려움을 겪었잖아. 다시는 내 발로 링을 떠나고 싶지 않아."

"알아요. 이제는 당신이 이 시합을 하려는 이유를 조금은 알아요. 그러니 당신이 누군지만 기억하세요. 당신은 버건의 불독 그리고 뉴저지의 자랑이에요. 당신은 모두의 희망이고, 당신 아이들의 영웅이에요. 그리고 당신은 제 마음속의 영원한 챔피언이에요."

1935년 6월 13일 뉴욕 롱아일랜드 메디슨 스퀘어 가든 경기장에서 펼쳐진 이날의 경기는 권부 역사에서 길이 님을 명승부였다. 치열한 접전과 난타전이 이어졌고 브래독은 자신의 모든 것을 걸었다. 매회 라운드가 마지막 라운드라는 각오로 싸웠다. 마침내 15라운드를 마치는 종이 울리고, 심판 전원 일치로 브래독이 판정승을 거두었다. 새로운 헤비급 챔피언이 탄생하는 순간이었다. 경기장을 가득 메운 관중은 브래독의 이름을 연호하며 마치 자신들이 승리한 것처럼 열광했다. 한쪽 곁에서는 아내와 아이들이 자랑스러운 아버지의 모습을 지켜봤다.

복싱 해설가 헤인즈는 사람들이 브래독에게 감동한 이유를 "그는 실존했던 다른 어떤 챔피언보다 더 많은 사람들의 마음속에 존재한 챔피언이었다. 사람들은 그의 삶에서 자신을 보았고, 그의 투쟁에서 자신의 투쟁을 읽었다"고 분석했다. 또한 스포츠 작가 데이먼 러니온은 "권투 시합 역사상 어떤 인간 승리 이야기도 제임스 브래독의 삶에 견줄 수는 없다"라고 찬사를 보냈다.

브래독은 통산 전적 54승 21패를 기록한 후 은퇴했다. 썩 좋은 성적은 아니었지만 "나는 싸움 그 자체가 아니라 아내와 가족을 위해 싸워왔다"는 그의 말은 사람들에게 큰 감동을 주었다.

브래독은 은퇴한 후 제2차 세계대전에 참전해 영웅이 되었고, 한때 일용직으로 일했던 부두에서 중장비 사업을 벌여 큰 성공을 거두었다. 경영자로서 성공한 다음에는 자선 활동가로 이름을 날리기도 했으며 1964년 국제 복싱 명예의 전당에 이름을 올렸다. 그의 이야기는 론 하워드 감독, 러셀 크로 주연의 영화 〈신데렐라맨〉으로도 만들어져 관객들에게 벅찬 감동을 선사했다.

인생이라는 책에는 웃음과 눈물의 페이지도 있고, 절망과 희망의 페이지도 있다. 다 읽기 전에 너무 빨리 인생의 책을 덮지 말라.

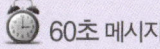 **60초 메시지**

가난에서 벗어나는 길은 두 가지다

에디슨은 그 두 가지 길을 자기 재산을 늘리는 것과 자신의 욕망을 줄이는 것이라고 이야기했다. 재산을 늘리는 것은 노력만으로 해결되지 않지만 욕망을 줄이는 것은 마음만 먹으면 언제든 가능하다고 에디슨은 말했다. 참 무서운 말이다. 인간이 욕망 없이 살기란 쉽지 않다. 어쩌면 욕망은 인간이 성공하기 위해 몸에 필수적으로 장착해야 하는 심장 같은 것인지도 모른다. 무언가를 갖고 싶어 하고, 무언가를 이루고 싶은 인간의 욕망이야말로 이 시대에 재평가해야 하는 단어인지도 모른다. 그래서 나는 희망이라는 단어보다는 욕망이라는 단어가 더 좋다. 때론 희망보다는 욕망이라는 단어가 더 인간적이고 현실적이다.

"가난한 사람이란 적게 가진 자가 아니라
너무 많이 가지려는 자다."
세네카(Lucius Annaeus Seneca)

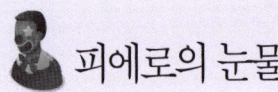 피에로의 눈물

옛날 어느 마을에 울지 않는 처녀가 살고 있었다. 그녀는 가난했지만 얼굴에 항상 미소를 짓고 있어 아름다웠다.
"저와 결혼해주시겠습니까?"
수많은 부자들이 청혼했지만 모두 거절당했다. 그녀에겐 사랑하는 사람이 따로 있었기 때문이다. 거리에서 어릿광대짓으로 사람들을 즐겁게 하는 피에로. 그녀가 항상 웃을 수 있었던 것도 다 피에로 덕분이었다. 피에로 또한 그녀를 사랑했다.
어느 날 피에로 복장을 한 청년이 그녀의 집으로 찾아갔다.
"전 가난한 청년입니다. 하지만 당신을 사랑합니다. 저와 결혼해주신다면 매일매일 당신을 웃게 만들고 행복하게 해드리겠습니다."
감격한 처녀는 피에로와 결혼해 행복한 나날을 보냈다. 피에로는 약속대로 그녀에게 매일 웃음을 선물했고 어느덧 둘 사이에는 아기도 생겼다.

"아얏!"

어느 날 그녀가 바느질을 하다 손을 벴다. 피에로는 깜짝 놀라 달려와 부인의 상처를 살펴봤다. 그때 부인의 눈에서 무언가가 떨어졌다. 그건 눈물이 아니라 다이아몬드였다.

아내의 눈물이 다이아몬드라는 것을 안 피에로는 그날부터 아내를 때리기 시작했다. 그렇게 얻은 돈을 흥청망청 썼다. 다이아몬드가 다 떨어지면 다시 집으로 들어와 아내를 때렸다.

"울어! 더 많이 울어! 그래야 다이아몬드가 많이 생기지."

그렇게 다이아몬드를 가지고 집을 나간 피에로는 한 달 뒤 집으로 돌아왔다. 다이아몬드를 얻기 위해 채찍을 들고 아내의 방에 들어간 피에로는 깜짝 놀랐다. 아내의 얼굴은 눈물로 범벅이 되었고, 손에는 너무나도 아름다운 빨간 다이아몬드를 들고 있었다.

그 빨간 다이아몬드는 아내의 마지막 선물이었다. 피에로는 그제서야 아내가 왜 죽었는지 알았다. 자신의 욕심 때문에 사랑하는 사람을 잃은 피에로는 뒤늦게 후회했지만 소용없었다.

그날부터 피에로는 자신의 얼굴을 분장할 때마다 눈물 한 방울을 그려놓고 미친 듯이 웃었다.

사람은 간혹 사소한 욕심 때문에 소중한 것을 잃는다. 그건 사람뿐만 아니라 시간도 마찬가지다. 한번 흘러간 시간은 다시 돌아오지 않는다.

겨울,
하루하루를 인생의
마지막 날이라고 생각하라

Today is the first day of the rest of your life

내일이면 귀가 안 들리는 사람처럼
새들의 지저귐을 들어보라.
내일이면 냄새를 맡을 수 없는 사람처럼
꽃향기를 맡아보라.
내일이면 더 이상 볼 수 없는 사람처럼
세상을 보라.

헬렌 켈러(Helen Keller)

......
시간은 명쾌하게 관리해야 합니다.
스스로에게 물어보세요. 옳은 일에 시간을 쓰고 있는가?
시간은 당신이 가진 전부입니다.
그리고 당신은 언젠가 생각보다 시간이
얼마 남지 않았다는 사실을 알게 될 것입니다.

시한부 인생을 살며 하루하루에 충실했던 랜디 포시 교수

시간은
당신이 가진 전부다

"내 몸은 지금 문제가 있다. 대체로 좋은 건강 상태를 유지하고 있지만 간에는 열 개의 종양이 있고 살 날은 몇 달밖에 남지 않았다. 나는 세 명의 어린 자녀를 둔 아버지이며 이상형의 여자와 결혼해 잘살고 있다. 내가 처한 상황에 낙담할 수도 있겠지만 그렇게 하는 것은 나나 내 가족에게 아무런 도움도 되지 않을 것이다."

2007년 9월 18일. 카네기 멜론 대학교 강의실에 한 교수가 등장하자 500여 명의 청중이 일제히 일어서서 박수를 쳤다. 짧은 머리에 드문드문 난 백발, 면바지에 검은 티셔츠를 입은 그의 이름은 랜디 포시(Randy Pausch). 이 대학에서 인간과 컴퓨터의 상호관계와 디자인을 강의하는

컴퓨터 공학과 교수였다. 그는 자신의 분야에서 탁월한 업적을 쌓았으며 어도비, 구글, 일렉트로닉 아츠, 월트 디즈니 이매지니어링에 동참했고 앨리스 프로젝트의 선구자였다.

랜디가 이 강의에 초청을 받은 것은 순전히 우연이었다. 그가 재직하고 있는 카네기 멜론 대학은 수년 동안 '마지막 강의 시리즈'를 열고 있었다. 원래는 정년퇴직 교수를 위한 강의였지만 그 무렵 대학은 이 시리즈를 다른 형태로 전환했다. 하루는 교직원이 전화를 걸어 강의를 의뢰하며 이렇게 말했다.

"교수님의 개인적 삶과 직업적 삶의 여정에 대한 감상을 들려주시면 됩니다. 가능하시겠습니까?"

"강의 날짜가 언제요?"

"9월로 잡혀 있습니다."

"오케이. 하겠소."

랜디는 그 무렵 자신이 췌장암에 걸렸다는 것을 알았다. 하지만 심각하게 생각하지 않았다. 자신은 수많은 행운아 중 한 명일 거라고 믿었기 때문이다. 이윽고 강의 날짜가 다가왔다. 직원에게서 다시 전화가 왔다.

"강의 주제는 정하셨어요? 곧 포스터를 찍어야 해서요."

랜디는 정신이 아득해졌다. 자신은 행운아가 아니었다. 수술은 실패했고 의사는 그에게 의학적 사형 선고를 내렸다. 지금은 강의가 아니라 인생을 정리할 때였다. 아내는 적극 반대하고 나섰다.

"지금 당신한테 필요한 건 강의가 아니라 가족과 함께 있는 시간이 아닐까?"

게다가 강의를 하기 위해서는 하루 전에 비행기를 타야 하는데, 마침 그날이 아내의 마흔한 번째 생일이었다. 랜디는 며칠을 고민한 끝에 아내에게 말했다.

"난 이 강의를 해야겠어. 이 강의는 나를 사랑하는 사람이 살아 있는 나를 보는 마지막 시간이 될 거야. 이 강의를 통해 나한테 진정 중요한 게 무엇인지 생각해보고 싶어. 사람들이 날 어떤 식으로 기억하게 될지도. 인생을 마치면서 좋은 일을 할 수 있는 마지막 기회이기도 하고. 그러니 여보, 내가 강의를 할 수 있게 도와줘."

랜디의 간곡한 부탁에 아내가 말했다.

"좋아. 대신 조건이 있어. 나도 그 강의에 참석하겠어."

"나야 좋지. 당신은 나의 치어리더잖아. 늘 날 응원해주고 기분 좋게 만드는."

강의 날짜가 하루하루 다가왔다.

랜디는 강의 준비에 여념이 없었다.

"맙소사. 친한 의사한테 들었는데, 랜디가 췌장암에 걸렸대요."

그때 랜디의 암투병 소식이 여러 사람의 입을 통해 전해졌다. 감추려야 감출 수 없는 엄연한 사실이었다. 소문은 꼬리에 꼬리를 물고 이어졌다. 의도하지 않았지만 랜디 교수의 진짜 마지막 강의가 될 수 있다는 생각에 신청자가 대거 몰렸다. 강의장은 400여 명의 인파로 가득했다. '마지막 강의' 시리즈가 실제로 랜디 교수의 마지막 강의가 된 것이다.

"반갑게 맞아주셔서 감사합니다. 전 아무것도 한 게 없는데 말이죠."

랜디는 웃으며 연단에 섰다. 그러곤 '방 안의 코끼리'를 예로 들며 자신의 CAT 스캔을 보여주었다. 스캔 속에는 종양 열 개가 선명했다. 하지만 그는 침착하고 담담했다.

"바꿀 수가 없으니 이제 하나만 남았습니다. 이미 돌린 카드 패는 바꿀 수가 없으니 가진 걸로 최선을 다해야죠. 기대한 만큼 우울하거나 슬퍼 보이지 않는다면 실망시켜 드려 죄송합니다. 분명히 말하지만 제 상황을 부정하진 않습니다. 무슨 일이 일어나고 있는지 모르는 것도 아니고요."

그의 강의는 내내 즐겁고 유쾌했다. 자신이 건강하다는 것을 증명하기 위해 팔굽혀펴기도 하고 어릴 적 꿈에 대해 이야기하기도 했다. 꿈을 가진 제자를 도와준 이야기도 했다. 자신이 살아온 일도 유머러스하게 이야기했다.

"사실 어제가 제 아내 생일이었습니다. 챙겨주지 못해서 정말 미안했지요. 여기 계신 분들이 함께 축하해주셨으면 합니다."

그러곤 커다란 케이크를 들고 왔다. 앞자리에 앉아 있던 아내는 눈물을 흘리며 연단 위로 올라왔고, 청중은 다 함께 큰 소리로 생일 축하 노래를 불렀다. 랜디가 아내에게 키스를 하자 여기저기서 박수가 터졌다. 얼마 후 랜디는 마지막 말을 했다.

"이 강의는 여러분을 위한 것이 아닙니다. 아이들에게 남기는 겁니다. 와주셔서 감사합니다."

이렇게 강의는 끝났다. 청중은 솔직한 랜디의 말에 기립 박수를 보냈다. 5분 동안 박수 소리가 끊이지 않고 이어졌다. 강의실은 어느새 눈물 바다가 되었다.

이날의 감동은 여기서 끝나지 않았다. 누군가가 올린 강의 동영상이 유튜브를 통해 급속도로 퍼져나간 것이다. 랜디 교수의 강의에 감동받은 사람들이 각국의 언어로 번역해 올리기 시작하며 1000만 명이 훌쩍 넘는 네티즌이 눈물을 흘렸다.

그 후 랜디는 전 세계적으로 유명 인사가 되었다. 〈오프라 윈프리 쇼〉에 초대받은 그는 다시 한 번 수많은 방청객과 시청자를 울렸다. 미국 방송들은 그의 투병기와 마지막 강의 내용을 특집으로 다루었다. 그가 강의와 방송에서 한 말들은 어록이 되어 인터넷을 타고 급속도로 퍼졌다.

감사하는 마음을 보여주세요.
감사할수록 삶은 위대해집니다.
준비하세요. 행운은 준비가 기회를 만날 때 옵니다.
당신이 뭔가를 망쳤다면 사과하세요.
사과는 끝이 아니라 다시 할 수 있는 시작입니다.
그리고 매일같이 내일을 두려워하며 살지 마세요.
오늘 바로 지금 이 순간을 즐기세요.

랜디는 결국 2008년 7월 25일 아내와 세 아이가 지켜보는 가운데 눈을 감았다. 랜디는 죽음의 순간이 눈앞에 와서야 시간이 얼마나 중요한지 깨달을 수 있었다. 그가 죽기 전 가장 많이 언급한 것도 바로 시간에 대한 것이었다.

"시간은 명쾌하게 관리해야 합니다. 스스로에게 물어보세요. 옳은 일에 시간을 쓰고 있는가? 시간은 당신이 가진 전부입니다. 그리고 당신은 언젠가 생각보다 시간이 얼마 남지 않았다는 사실을 알게 될 것입니다."

만약 당신의 삶이 3개월 남았다면 무엇을 하고 싶은가? 무엇을 남기고 싶은가? 죽음에 대한 공포 대신 꿈에 대해 이야기할 수 있을까?

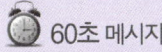 **60초 메시지**

시간 관리 10계명

1. 하루에 할 일을 머릿속으로 시뮬레이션한다.
2. 오늘 할 수 있는 일을 내일로 미루지 않는다.
3. 목표와 마감 시간을 정하고 반드시 지킨다.
4. 일하는 시간과 휴식 시간을 철저하게 구분한다.
5. 사소한 일보다는 중요한 일을 먼저 처리한다.
6. 낭비되는 시간을 찾아 최소화한다.
7. 오래 일하는 것보다 집중력 있게 일한다.
8. 자신만의 원칙과 규칙을 만들어 실행한다.
9. 시간을 따라가기보다 시간을 이끄는 훈련을 한다.
10. 지금 바로 시작한다.

"하루하루를 어떻게 보내느냐에 따라
인생이 결정된다."
애니 딜러드(Annie Dillard)

......

아이가 내 품에 안겨 깊은 잠에 빠져 있다.
심장 박동이 내 가슴에 고스란히 전해진다.
이 심장 박동 때문에, 이 따스함 때문에,
이 사랑 때문이다.
내가 내 작은 바가지를 들어
오늘도 변함없이 바닷물을 퍼내는 이유.

400명의 아이를 돌보고 있는 처녀 엄마 케이티 데이비스

진짜 인생에 눈뜨면
이전으로 돌아갈 수 없다

"세상에는 고아가 1억 4400만 명이고, 기아나 충분히 예방 및 치료 가능한 질병으로 죽어가는 아이가 1100만 명이며, 노동 학대나 성매매 같은 끔찍한 조건에서 사는 아이가 850만 명이고, 에이즈에 걸린 아이가 230만 명이다. 모두 합치면 고통 중에 신음하는 아이가 1억 6480만 명이다. 어마어마한 수치가 아닌가? 하지만 이 지구의 그리스도인 숫자에 비하면 아무것도 아니다. 스스로 그리스도인이라 부르는 사람이 자그마치 21억 명이다. 이 그리스도인 중 8퍼센트가 한 아이씩을 책임진다면 위의 통계는 순식간에 사라질 것이다. 나는 이 현실을 바꾸기 위해 뭐든지 할 것이다."

비장한 각오가 서려 있는 위의 말은 아마지마(Amazima)라는 비영리 사역 단체를 이끌고 있는 케이티 데이비스(Katie Davis)의 일성이다. 스물여섯 살의 미국 아가씨 케이티는 2015년 현재 어떻게 14명의 아이를 입양해 키우고 400여 명의 아이들을 돌봐주게 되었을까? 여기에는 감동적인 실화가 있다.

케이티 데이비스는 미국 테네시 주 내슈빌에서 태어났다. 집안은 아주 부유해서 남부러울 게 없었다. 빨간 스포츠카로 학교에 등하교하고, 잘생긴 남자 친구도 있고, 무엇보다 학업 성적이 좋아 어디서나 사랑받는 여고생이었다. 모두가 그녀를 믿고 따랐다. 하지만 마음 한구석은 편하지 않았다.

'이렇게 고등학교를 마치고 대학에 들어가겠지. 그리고 직장 생활도 하고 결혼도 하겠지. 아이들도 낳고 행복한 가정을 꾸릴 거야. 미래가 보장된 나의 삶. 그런데 왜 이렇게 마음이 답답하지. 왠지 걸어본 길을 다시 걷고 있는 느낌이야. 내 인생은 이렇게 예정된 길만 걷게 되는 걸까?'

그렇게 시간을 보내던 어느 날, 케이티의 인생을 송두리째 바꾼 일이 일어났다. 그건 인터넷에서 본 한 줄의 기사였다. 우간다 고아원에서 자원봉사자가 부족해 어려움을 겪고 있다는 기사와 사진을 본 순간 케이티는 가슴이 뛰었다.

'왜 이렇게 심장이 두근거리지.'

검은 피부에 하얀 치아를 드러낸 아이들. 제대로 먹지 못해 뼈만 앙상하게 남은 아이들의 맑고 선한 눈동자가 가슴을 파고들었다.

'그래, 바로 이거야. 내가 한 번도 겪어보지 않은 일. 저곳에서 어쩌면 또 다른 나를 발견할 수 있을지 몰라.'

케이티는 마음을 정했다. 하지만 부모님을 설득하는 것이 문제였다. 쉽지 않은 일이었다. 케이티는 자신의 생일에 부모님께 허락을 받기로 결심했다.

드디어 케이티가 디데이로 잡은 열여덟 번째 생일이 다가왔다. 부모님은 케이티가 제일 좋아하는 식당에서 맛있는 음식을 사주었다. 케이티는 갖고 싶어했던 선물도 손에 쥐었다. 하지만 식사 내내 화기애애하던 분위기는 케이티의 말에 일순 얼어붙었다.

"뭐라고 했니?"

어머니가 재차 물었다.

"고등학교를 마치고 대학에 가기 전까지 1년 정도 우간다 고아원에서 일하고 싶다고요."

가족의 얼굴에 웃음기가 싹 가시고 시간이 멈춘 듯 침묵이 흘렀다. 어머니가 타이르듯 말했다.

"케이티, 아프리카가 얼마나 무서운 곳인지 아니? 더구나 우간다라면 오랜 내전 때문에 치안이 불안한 나라잖니. 언제 어디서 총알이 날아올지도 모르고. 허락할 수 없다. 넌 겨우 열여덟밖에 되지 않은 소녀야. 아직 부모의 도움이 필요한 나이라고!"

"엄마, 그동안 저는 부모님이 시키는 대로 했어요. 앞으로도 그럴 거고요. 딱 1년만 고아원에서 자원봉사를 하고 올게요. 이건 제가 하고 싶은 일이고 꿈이에요. 제발 허락해주세요."

화가 난 엄마를 막고 아버지가 끼어들었다.

"허락해줍시다. 우리 예쁜 딸의 꿈이라지 않소. 더구나 오늘은 케이티의 생일이고."

아버지가 말을 이었다.

"단 두 가지 조건이 있다. 1년은 너무 길어. 크리스마스를 포함해 3주 동안만 다녀오거라."

"좋아요. 나머지 한 가지 조건은 뭐죠?"

"네 엄마와 함께 가는 거다."

아버지의 말에 모녀의 두 눈이 사슴처럼 커졌다.

2006년 12월, 케이티와 엄마는 우간다로 가는 비행기에 몸을 실었다. 피곤하고 먼 여행이었다. 암스테르담과 런던, 중동을 거쳐 겨우 우간다에 도착했다.

우간다에서 맞이한 첫날 아침. 눈을 떠보니 주변이 온통 시꺼먼 얼굴 천지였다. 하지만 아이들의 까만 얼굴에서는 강인함과 깊이가 엿보였다. 나일 강의 근원지인 빅토리아 호수 연안에 자리 잡고 있는 진자의 풍경도 케이티의 눈을 사로잡았다.

'세상에 이렇게 아름다운 곳이 있다니!'

고아원에서 3주 동안 일하는 사이 케이티는 우간다와 사랑에 빠졌다. 이 땅의 자연과 아이들이 너무 좋았다. 하지만 약속된 3주일이 지나고 케이티는 테네시로 돌아가야만 했다. 마지막 날 케이티는 밤새

울었다.

'돌아가고 싶지 않아. 계속 이곳에 있고 싶어.'

짧은 추억들이 지나갔다. 갓난아기를 씻기고 기저귀를 갈아주던 순간, 어린아이들과 함께 강을 향해 돌을 던지며 깔깔대던 순간이 떠올랐다.

'언젠가는 꼭 다시 돌아올거야.'

편하고 사치스러운 삶을 갈망하는 마음은 어느덧 사라졌다. 대신 도전과 희생을 위해 전부를 걸어야겠다는 용기가 케이티의 마음에 자리를 잡았다.

미국으로 돌아온 케이티의 마음속에는 우간다밖에 없었다. 수업 시간 중간중간 시계를 보며 우간다의 시각을 계산했다.

'지금 아이들은 뭘 하고 있을까? 밥은 잘 먹고 있을까? 아프지는 않을까? 병에 걸린 것은 아니겠지?'

그뿐 아니었다. 케이티가 입만 열면 우간다 이야기를 해서 친구들이 짜증내는 일도 많아졌다. 그만큼 케이티와 우간다는 이제 떼려야 뗄 수 없는 인연이 되었다.

고등학교를 졸업한 케이티는 대학생이 되었다. 하지만 그녀에게 대학 생활은 별 의미가 없었다. 하루라도 빨리 우간다로 돌아가고 싶었다. 아이들의 얼굴이 자꾸만 어른거렸다. 케이티는 다시 부모님에게 정중하게 부탁했다.

"1년 뒤에 대학 생활을 하면 안 될까요? 1년만이라도 우간다에 가서 아이들과 함께 보내고 싶어요"

아버지는 놀랐다. 3주간 자원봉사 활동을 보낸 것은 케이티가 어려운 생활을 하며 뭔가를 깨닫길 바랐기 때문이다. 특히 이 세상이 얼마나 무섭고 힘든지를. 하지만 케이티는 오히려 그 생활로 다시 돌아가고 싶어 했다. 아버지는 더 이상 케이티의 집념과 열정을 막을 힘도 명분도 없었다.

"가려무나. 네가 택한 길이니 후회하면 안 된다. 너는 이제부터 네가 선택한 것에 책임을 져야 해."

"고마워요, 아빠. 부끄럽지 않은 딸이 될게요."

"부디 몸 조심하거라."

케이티는 1년간의 체류를 허락받고 다시 우간다로 돌아갔다.

케이티는 우간다로 오면서 고아원에 사는 미취학 아동들을 가르칠 생각으로 종이, 크레용, 그림책을 잔뜩 사갖고 왔다. 그런데 평소 알고 지내던 한 목사가 고아원 주변 빈민가에 학교를 열어 케이티는 졸지에 학교 선생님이 되었다.

처음 케이티의 학교 생활은 순조롭지 못했다. 영어를 할 줄 아는 아이가 아무도 없을 뿐만 아니라 백인을 본 적이 없어 두려움에 떠는 아이들도 많았다. 하지만 시간이 조금 지나자 자신들과 다른 피부 속의 푸른 핏줄을 뚫어지게 바라보고 머리칼을 쓰다듬고 팔을 잡아당기기 시작했다. 그렇게 케이티는 아이들과 추억을 하나둘씩 쌓아가기 시작했다.

어느덧 아버지와 약속했던 1년이 다가왔다.

'이제 곧 미국으로 돌아가야 해. 언제 다시 이곳으로 돌아올 수 있

을까?'

하루는 케이티에게 스코비아라는 아이가 찾아왔다. 천사를 닮은 스코비아는 이제 겨우 다섯 살밖에 되지 않았지만, 케이티한테 배운 대로 또박또박 영어로 말했다.

"스코비아는 엄마 아빠 없어요."

"그래, 스코비아. 엄마 아빠는 천국에서 널 지켜보고 계신단다."

"근데 선생님은 우리 엄마 같아요."

케이티는 스코비아를 꼭 안아주었다.

"그래, 그래. 고맙구나."

그때 스코비아가 한 말이 케이티의 인생을 완전히 바꾸어놓았다.

"그럼 선생님을… 엄마라고 불러도 돼요?"

이 말을 들은 케이티는 스코비아를 껴안고 펑펑 울기 시작했다. 엄마가 얼마나 그리웠으면 그런 부탁을 할까 싶었다. 케이티는 스코비아를 바라보며 말했다.

"그럼, 그럼. 오늘부터 날 엄마라고 불러. 내가 너의 엄마가 돼 줄세. 평생 동안 말이야."

케이티의 말은 진심이었다. 케이티는 다음 날 시청에 가서 스코비아를 친자식으로 입양했다. 결혼도 하지 않은 처녀 선생이 진짜 엄마가 된 것이다.

'진짜 인생에 눈뜨면 이전으로 돌아갈 수 없어. 이제부터는 내 진짜 인생을 사는 거야.'

케이티는 미국으로 돌아가지 않았다. 아니 돌아갈 수 없었다. 자기

자식을 홀로 놔두고 고향으로 돌아가는 엄마는 없으니까. 게다가 스코비아를 시작으로 케이티는 형편이 닿는 대로 아이들을 입양하기 시작했다.

이렇게 입양한 아이가 무려 14명. 선생님이나 후원자 자격이 아니라 진짜 친엄마가 된 것이다. 아이들을 키우고 입히고 재우고 학교 보내는 진짜 친엄마. 게다가 케이티가 돌봐주는 다른 아이들만 해도 400여 명에 이르렀다. 케이티는 이윽고 우간다의 한 동네에서 '엄마'로 통했다.

"우리 집의 천사들은 나를 엄마라고 부른다. 기아와 질병 등으로 엄마를 잃은 400명의 마을 아이들도 나를 엄마라고 부른다. 하도 많은 아이들이 엄마라고 불러대니까 이젠 집 근처에 사는 마을 어르신들까지 나를 엄마라고 부른다. 많은 아이의 엄마. 사람들은 그렇게 말한다. 나이 지긋한 어르신도, 가게 점원도, 주차 요원도 나를 엄마라 부른다. 선생님도, 마을 병원의 의사들도 나를 엄마라고 부른다. 차를 타고 지독히 울퉁불퉁한 흙길을 달릴 때도 엄마란 외침이 들려온다. 우리 딸들은 학교에 갔다가 우르르 들어오면서 노래하듯 엄마를 부른다. 아침마다 내 귀에 대고 엄마라 속삭인다. 좋은 일이 생겨도 엄마라고 외치고, 슬픈 일이 생겨도 훌쩍거리며 엄마를 찾는다. 그리고 그 소리를 들을 때마다 내 심장은 기뻐서 마구 뛴다. 우리가 하나님의 이름을 부를 때 하늘 아버지의 심정도 그러하시리라."

케이티는 지금도 우간다에서 아이들의 엄마로 살고 있다. 때때로 고국에 있는 가족이 보고 싶고 남자 친구가 그립고 너무너무 외로워서 울기도 하지만 아이들이 있어 행복하다는 케이티.

어느 날은 침대에 들어온 생쥐 때문에 무서워서 꼼짝 못하고 벌벌 떨기만 했다. 어느 날은 아이들의 상처를 치료하다 벌레가 그 애 몸속에 알집을 심어놓은 것을 보고 그걸 파내기도 했다. 어느 날은 기저귀를 갈아주다가 아이들의 엉덩이에서 지렁이같이 생긴 기생충을 발견하곤 끄집어내기도 했다.

하지만 케이티는 절망하거나 좌절하지 않았다. 아이들이 있어 행복했다. 그건 아이들도 마찬가지였다. 부모를 잃은 아이들은 케이티를 통해 가슴 깊숙이 베인 상처를 치유받을 수 있었다.

케이티의 사연이 알려지자 국제사회의 도움이 이어졌다. 너도나도 그녀를 돕기 위해 나섰다. 케이티는 사람들의 성원에 더욱 힘을 냈다. 더 좋은 환경에서 아이들을 돌보기 위해 주변을 정리했다. 자신이 감당할 수 있을 만큼의 아이들도 입양했다.

현재 케이티는 14명의 아이들을 집에서 돌보고, 400여 명의 아이들을 수시로 보살피고 있다. 처녀 엄마로서 힘들고 외로워도 아이들이 있기에 희망의 끈을 놓지 않는다.

케이티는 이렇게 말한다.

"아이가 내 품에 안겨 깊은 잠에 빠져 있다. 심장 박동이 내 가슴에 고스란히 전해진다. 이 심장 박동 때문에, 이 따스함 때문에, 이 사랑 때문이다. 내가 내 작은 바가지를 들어 오늘도 변함없이 바닷물을 퍼내는 이유. 나는 가난과 질병, 아이들을 버리는 악습관을 뿌리 뽑으려고 이곳에 온 게 아니다. 그냥 사랑을 나눠주러 온 것이다."

진짜 인생에 눈뜨면 다시는 돌아갈 수 없다고 했다. 그때부터 당신의 진짜 인생이 새롭게 시작된다.

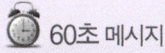 **60초 메시지**

사랑하는 것은 사랑받는 것보다 행복하나니라

청마 유치환 시인의 시 〈행복〉의 첫 구절이다. 이 시를 볼 때마다 사랑받는 것도 힘든 일이지만 진심으로 한 사람을 사랑하는 것 또한 어려운 일임을 느낀다. 한 사람을 진심을 다해 지속적으로 사랑하는 것은 어쩜 자신을 온전히 비우는 일인지도 모른다. 자신 안에 있는 모든 것을 비워 사랑하는 사람의 안을 채우는 것은 아름답고 숭고한 일이다. 영화 〈이프 온리〉에는 이런 멋진 대사가 나온다.

"단 하루를 살아도 당신을 사랑했다면 그 하루는 정말 값진 거야. 5분을 더 살든, 50년을 더 살든 그건 중요하지 않아. 오늘 네가 아니었다면 난 평생 사랑을 몰랐을 거야. 사랑하는 법을 알게 해줘서 고마워. 또 사랑받는 법도."

"사랑을 받는 것, 그것이 행복이 아니다.
사랑하는 것, 그것이야말로 진정한 행복이다."
헤르만 헤세(Hermann Hesse)

......

당신의 인생을 사랑하십니까?
그렇다면 시간을 낭비하지 마십시오.
인생이라는 것은 오직 시간으로 이루어져 있습니다.
세월이 흐른 뒤 보면 어떤 사람은 뛰어나고
어떤 사람은 낙오자가 되어 있습니다.
이 두 사람의 거리는 좀처럼 좁힐 수 없습니다.
이것은 하루하루 주어진 시간을 잘 이용했느냐
이용하지 않고 허송세월을 보냈느냐에 달려 있습니다.

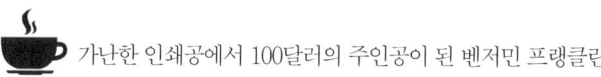 가난한 인쇄공에서 100달러의 주인공이 된 벤저민 프랭클린

오늘 할 수 있는 일을
내일로 미루지 말라

햇살이 따사로운 어느 봄날 오후.

한 소년이 서점에서 책을 정리하고 있었다. 가난하고 형제가 많은 가정에서 열다섯째로 태어난 소년은 열 살 때 다니던 학교를 그만둬야 했다. 공부는 남들에게 뒤처지지 않았지만 형들한테 밀려 차례가 돌아오지 않았기 때문이다.

소년은 절망하지 않았다. 형의 인쇄소에서 일을 배우는 한편 틈나는 대로 서점에서 일했다. 밤낮없이 일하는 까닭에 몸은 힘들었지만 마음만은 넉넉했다.

공부에 욕심이 많았던 소년에게 인쇄소와 서점은 좋은 일터이자 도서관이었다. 소년은 틈나는 대로 책을 읽었다. 좋아하는 책은 몇 번이고 되풀이해서 읽었다.

'역시 셰익스피어는 멋있어. '이름이란 뭐지? 장미라 부르는 꽃을 다른 이름으로 불러도 아름다운 그 향기는 변함이 없는 것을.'이라니. 역시 사람은 생각하기 나름이야.'

소년이 책을 읽으며 깊은 생각에 잠겨 있을 때 한 중년 남자가 서점 문을 열고 들어왔다. 남자는 아무 말 없이 책 한 권을 들고 오더니 가격을 물었다.

"이 책은 얼마입니까?"

소년이 답했다.

"5달러입니다."

"그렇군요."

남자는 여러 책을 살펴본 후 다시 그 책을 들고 와 가격을 물었다.

"이 책이 얼마라고 했죠?"

소년이 웃으면서 말했다.

"6달러입니다."

그러자 남자가 화를 내며 말했다.

"아니, 아까는 5달러라고 하더니 지금은 왜 6달러입니까?"

손님의 항의에 소년이 답했다.

"Time is money."

그리고 다음과 같이 덧붙였다.

"저에게 가장 값진 것은 시간입니다. 시간은 돈보다 더 귀중하죠. 한

데 손님께서 제 시간을 낭비하고 계시니 시간에 대한 가격을 붙인 것뿐입니다."

당당하고 조리 있는 소년의 말에 중년 남자는 아무런 말도 하지 못하고 서점을 나갔다. 소년은 혼자 중얼거렸다.

"쳇, 자기 시간이 중요한 만큼 남들 시간도 중요하다는 걸 왜 모르는 거야."

누구보다 시간 관리에 철저했던 소년은 오랜 연구 끝에 '3-5-7-9 법칙'을 만들어냈다. 누군가가 이 법칙에 대해 물었을 때 소년은 이렇게 대답했다.

"9는 하루에 일하는 시간입니다. 7은 잠자는 시간이고요. 5는 식사를 포함해 여가 및 취미 활동을 하는 시간입니다. 3은 독서나 연구 등 자기 인생에 도움이 될 만한 활동을 하는 시간이고요. 이 수를 다 더하면 우리의 하루 24시간이 됩니다."

소년은 이토록 시간 관리에 철저했다. 허투루 시간을 낭비하지 않았다. 낭비하지 않는 것은 시간뿐만 아니었다. 쇼핑에도 확실한 자기 철학을 갖고 있었다.

"갖고 싶은 것을 사지 마세요. 꼭 필요한 것만 사세요. 작은 지출을 삼가세요. 작은 구멍이 거대한 배를 침몰시킬 겁니다."

정규 학교를 2년밖에 다니지 못했지만 소년은 독학으로 글을 깨우치고 시 쓰기에 열중했다.

"더 큰 세계로 나아가기 위해서는 공부를 해야 해. 아무리 뛰어난 지혜도 지식이 뒷받침되지 않으면 소용이 없어."

때마침 인쇄소를 운영하던 형이 잡지를 창간하자 소년은 열심히 글을 쓰기 시작했다. 수많은 책과 지식을 바탕으로 쓴 그의 기고문에 독자들은 열광하고 환호했다. 하지만 잡지에 실린 다른 글이 문제가 되어 형이 발간하던 잡지는 인쇄 금지 조치를 당했다. 결국 일자리를 잃은 소년은 필라델피아행 열차에 몸을 실었다.

'정규 교육도 받지 못한 내가 공부도 하고 돈도 벌 수 있는 길은 오직 인쇄소에서 일하는 길뿐이야. 그곳에서는 수많은 책을 인쇄하니까. 당대 최고의 지식인들이 혼신을 다해 쓴 글들 말이야. 나도 언젠가는 그들처럼 훌륭한 사람이 될 거야.'

몇 년의 시간이 흘렀다.

필라델피아에서 인쇄공으로 일하던 소년은 어느새 청년이 되었다. 그러던 어느 날 그에게 뜻밖의 행운이 찾아왔다. 당시 펜실베이니아 총독이던 윌리엄 키스가 그에게 손을 내민 것이다.

"자네처럼 열심히 일하는 청년은 처음 보네. 글도 잘 쓴다지. 어떤가? 영국으로 건너가 나와 함께 인쇄소 운영을 해보지 않겠는가? 사업 자금은 모두 내가 대겠네. 자네는 인쇄소만 운영하면 돼. 부디 좋은 책을 많이 인쇄해주게."

윌리엄의 제안에 그는 영국으로 날아갔다. 모든 게 꿈만 같았다. 1700년대의 영국은 미국보다 선진국이었기 때문에 인쇄 기술 또한 비교도 되지 않을 만큼 좋았다.

'이제 내 삶에도 무지개가 빛나는구나.'

하지만 영국에서의 사업은 실패에 실패를 거듭했다. 인쇄소에서 일하는 것과 인쇄소를 경영하는 것은 천지 차이였다.

'아직 난 햇병아리에 불과하구나. 난 아직 멀었어. 더 보고 배워야 해. 다시 밑바닥부터 시작하자.'

그리고 그는 미국으로 돌아와 1728년 친구와 동업으로 인쇄소를 차렸다. 2년 뒤에는 돈을 대출받아 인쇄소를 단독으로 경영할 만큼 사업이 안정기에 접어들었다.

'좋아. 이렇게만 가는 거야.'

행운은 여기서 끝나지 않았다. 펜실베이니아의 지폐 인쇄권을 확보하는가 하면 1729년에 창간한 일간지 〈펜실베이니아 가제트〉가 대히트를 쳐서 엄청난 돈을 벌었다. 자고 일어나면 수북히 돈이 쌓일 정도였다. 그는 다른 신문과 차별화하기 위해 만화를 그려넣기도 하고 도서관에서 의무적으로 신문을 구입하도록 영업을 하기도 했다. 업계 최초의 일이었다.

'내가 열심히 노력한 덕분에 신문사와 인쇄소는 정상 궤도에 올랐어. 이제부터는 전혀 다른 일을 해야 해. 내가 받은 사랑을 사람들에게 돌려줄 수 있는 의미 있는 일을 말이야.'

이렇게 해서 그는 최초의 공공 조직인 '가죽 앞치마 클럽(Leather Apron Club)'을 결성했다. 도덕과 정치, 철학 등에 관해 토론하고, 회원들 간의 정보 교환을 통해 공공의 이익을 위해 힘쓰자는 목적으로 만든 클럽이었다. 이 클럽을 결성한 것을 계기로 그는 사회 활동에 적극 나서기 시작했다. 필라델피아 도서조합을 만들고 아메리카 철학협회를 결성했다. 1751년에는 펜실베이니아 대학의 전신인 필라델피아 아카데미를 세웠다.

또한 필라델피아 우체국장으로 16년간 일하면서 발명가로 활동하기도 했다. 필라델피아 시민들에게 전기를 처음 소개했을 뿐만 아니라 우리가 현재 쓰고 있는 피뢰침을 처음 발명해 보급하기도 했다. 책도 여러 권 집필하고 정계에 입문해서는 토머스 제퍼슨을 도와 '미국독립선언문'의 초안을 작성하기도 했다.

그의 이름은 벤저민 프랭클린(Benjamin Franklin).

미국 건국의 아버지라고도 일컬으며 현재 미국에서 통용되고 있는 100달러짜리 지폐의 주인공이기도 하다.

프랭클린이 이처럼 다양한 분야에 도전해 성공할 수 있었던 것은 철저한 시간 관리 때문이었다. 벤저민은 살아생전 시간 관리를 중요시했으며 자기만의 시간 관리 철학을 갖고 있었다. "오늘 할 수 있는 일을 내일로 미루지 말라"는 명언을 남겼을 정도로 일분일초의 시간도 허비하지 않았다. 그에게는 시간이 곧 돈이고 목숨줄이었다. 시간을 헛되이 보내는 사람은 언제나 그에게 일장 연설을 들어야만 했다.

벤저민은 한 사람이 얼마나 많은 일을 해낼 수 있는지 증명해보였다. 지금도 미국인들은 100달러짜리 지폐에서 그를 보며 돈과 시간의 소중함을 깨닫는다.

우스갯소리지만 벤저민은 사후에 미국인뿐만 아니라 전 세계인이 가장 갖고 싶어 하는 달러 지폐의 모델이다. 그는 자신의 저서에서 이런 글을 남겼다.

당신의 인생을 사랑하십니까?
그렇다면 시간을 낭비하지 마십시오.
인생이라는 것은 오직 시간으로 이루어져 있습니다.
세월이 흐른 뒤 보면 어떤 사람은 뛰어나고
어떤 사람은 낙오자가 되어 있습니다.
이 두 사람의 거리는 좀처럼 좁힐 수 없습니다.
이것은 하루하루 주어진 시간을 잘 이용했느냐
이용하지 않고 허송세월을 보냈느냐에 달려 있습니다.

84세의 나이에 죽은 그는 자신의 묘비에 '인쇄인 프랭클린'이라고 짤막하게 쓰도록 했다. 평생 소박하고 진솔하게 살았던 그의 진면목을 엿볼 수 있는 대목이다.

프랭클린이 세상을 떠난 후 발간한 《프랭클린 자서전》은 미국 산문 문학의 성수로 꼽히며, 그가 남긴 말들은 많은 미국인에게 삶의 좌표가 되고 있다.

특히 1757년 리처드 손더스라는 필명으로 펴낸 《가난한 리처드의 달력》은 처세술의 교본이라 일컬을 만큼 유명하다. 프랭클린조차도 "내 생애 가장 큰 이익을 남겨준 출판물"이라고 할 정도로 당대 많은 인기를 누렸다.

이 책에는 삶의 등대로 삼을 만한 13가지 덕목이 실려 있는데, 국내에는 '벤저민 프랭클린의 13가지 덕목'이라는 이름으로 수십년 동안 회자되고 있다.

　우리 삶엔 일분일초라도 낭비하지 않는 철저한 시간 관리와 성실함이라는 무기가 있어야 한다. 시간이 돈보다 더 중요하다고 생각하는 사람이 꿈을 이룬다.

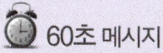 **60초 메시지**

벤저민 프랭클린의 13가지 덕목

1. 절제-배부르도록 먹지 말자. 취하도록 마시지 말자. 2. 침묵-자타에 이익이 없는 말은 하지 말자. 쓸데없는 말은 하지 말자. 3. 질서-모든 물건은 제자리에 두자. 일은 모두 때를 정해서 하자. 4. 결단-해야 할 일이 있다면 반드시 하겠다고 결심하자. 결심한 것은 반드시 실행하자. 5. 절약-나나 남에게 유익하지 않은 일에는 돈을 쓰지 말자. 쓸데없는 낭비는 하지 말자. 6. 근면-시간을 낭비하지 말자. 언제나 유용한 일을 하자. 무익한 행동은 끊어버리자. 7. 진실-사람을 속이지 말자. 순수하고 공정하게 생각하자. 언행을 일치시키자. 8. 정의-남에게 피해를 주는 일은 하지 말자. 남에게 응당 줘야 하는 이익은 꼭 주자. 9. 중용-극단을 피하자. 상대가 나쁘더라도 상처를 주지 말자. 10. 청결-신체, 의복 등 습관상 모든 것에 청결을 유지하자. 11. 침착-사소한 일, 일상적인 일뿐만 아니라 불가피한 일을 당해도 흔들리지 말자. 12. 순결-부부생활은 건강이나 자손을 위해서만 하자. 감각이 둔해지고, 몸이 쇠약해지고, 부부의 평화와 평판에 해가 되어서는 안 된다. 13. 겸손-예수와 소크라테스를 본받자.

......

가능성이란 처음부터 있는 게 아니라
만들어나가는 것이다. 정말 중요한 일이라면,
다른 생각을 가지고 있더라도 당신은 그 일을 계속해야
한다. 실패는 하나의 옵션이다.
만약 당신이 실패하지 않았다면 충분히
혁신적이지 않았다는 뜻이다.

영화 〈아이언맨〉의 실제 모델 엘런 머스크

실패는
하나의 옵션이다

"2030년까지 인류를 화성으로 이주시키겠습니다."

한 남자가 이렇게 말했을 때 사람들은 코웃음을 쳤다. 하지만 그의 어조는 당당하고 자신감에 차 있었다. 한 기자가 손을 들고 물었다.

"왜 하필이면 화성이죠?"

"앞으로 20년 뒤 지구촌 인구는 80억 명으로 늘어납니다. 석유, 가스, 물 등 주요 자원도 곧 바닥을 드러낼 것입니다. 인류는 새로운 거주지를 찾아야 합니다. 지금까지 알려진 곳 가운데 가장 적합한 장소가 화성입니다."

여기저기서 웅성거리는 소리가 들려왔다.

"미친놈이 나타났군."

"혁신가라고 들었는데 몽상가 아냐?"

하지만 2010년 12월, 그가 쏘아올린 스페이스X의 로켓 팰컨 9호 발사 성공과 우주선 드래곤의 무사귀환으로 그는 전 세계의 주목을 받았다. 민간 기업 사상 첫 쾌거를 이룬 이 역사적인 장면으로 인해 그는 무모한 실패자에서 일약 새로운 우주 개발의 역사를 만들어낸 주인공으로 거듭났다.

그의 이름은 엘런 머스크(Elon Musk).

영화 〈아이언맨〉의 주인공 토니 스타크의 실제 모델이기도 한 머스크는 현재 포르셰보다 빠른 전기 자동차를 만드는 테슬라(TESLA), 태양광 에너지를 보급하는 솔라시티(SolarCity), 우주 로켓을 개발하는 스페이스X(SpaceX)라는 세 개의 기업을 동시에 이끌고 있다. 이 세 개의 기업에는 전기 자동차와 태양광 에너지 보급으로 환경 오염과 자원 고갈의 위기를 늦추고, 지구가 진짜 위기에 처했을 때 인류를 화성으로 이주시킬 우주 로켓을 개발하겠다는 머스크의 의지가 담겨 있다.

머스크의 화성 이주 계획은 아직 실현되지 않았지만 많은 이들에게 영감과 도전 의식을 선사했다. 그중에는 2014년 국내 관객 1000만 명을 돌파한 영화 〈인터스텔라〉의 크리스토퍼 놀란 감독도 있다. 놀란 감독은 이 영화를 준비할 때 머스크에게 많은 영감을 받았다고 밝혀 화제가 되었는데, 영화 속에는 "우리는 답을 찾을 것이다. 늘 그랬듯이…"라는 인상적인 대사가 나온다.

"스티브 잡스는 우리가 살아가는 방식을 바꿨지만, 엘런 머스크는 세상을 바꾸는 일을 하고 있다."

스티브 잡스가 세상을 떠난 후 대다수 언론은 주저 없이 엘런 머스크를 '넥스트 잡스'로 지목했다. 하지만 머스크를 잘 아는 사람들의 생각은 달랐다.

"모르는 소리. 머스크는 이미 스티브 잡스를 뛰어넘었어."

"잡스는 자신의 것을 움켜쥐려 했지만 머스크는 사람들에게 나눠주려고 하지."

이렇게 머스크에 대한 평가가 엇갈릴 때 테드(TED)의 큐레이터 크리스 앤더슨은 한 컬럼에서 잡스와 머스크를 비교하며 이런 재치 있는 글을 남겼다.

"아무튼 두 명의 천재 덕분에 세상이 많이 좋아졌다."

'가장 영향력 있는 세계 100대 인물'이자 스티브 잡스를 뛰어넘는 이 시대 최고의 CEO로 〈포춘〉, 〈타임〉, 〈뉴욕 타임스〉, 〈가디언〉 등의 언론이 손꼽는 머스크. 그는 그 누구도 근접할 수 없는 최고의 혁신가이지 아이디어만으로 수십억 달러의 자본을 움직이는 사람이다. 하지만 머스크는 태어날 때부터 금수저를 입에 물고 태어난 인물이 아니다. 시급 1달러를 받던 남아공 이민자 출신에서 순자산 117억 달러를 보유한 거부가 되기까지 머스크는 수많은 실패와 좌절을 겪었다.

1971년 남아프리카공화국에서 태어난 머스크는 조용한 아이였다. 3남매 중 첫째로 태어난 그는 말도 하지 않고 혼자 생각에 잠기는 시간이 많아 청각 장애를 의심받기도 했다. 결국 어머니는 머스크를 병원에 데려가 아데노이드 제거 수술을 시켜줬다. 인두의 보호 기관인 인두편도가 증식하고 비대하여 여러 장애를 일으키는 질환인 아데노이드. 하지만 아데노이드 수술 후에도 머스크는 청각 장애를 의심케 하는 행동을 계속했다. 몇 달 후, 어머니는 다시 병원을 찾아 의사를 만났다.

"머스크는 요즘 어때요?"

의사의 질문에 어머니가 대답했다.

"아무리 생각해도 청각에 문제가 있는 것 같진 않아요."

깜짝 놀란 의사가 되물었다.

"아니, 그럼 대체 어디가 잘못되었다는 거죠?"

"아들은 자기 뇌로 들어가 다른 세계를 보는 것 같습니다. 어제는 새로운 로켓을 머릿속으로 만들었다고 하더군요. 머스크는 다른 아이들보다 상상력이 더 발달한 것뿐이에요. 더는 머스크를 괴롭히지 않을 거예요. 머스크는 정상이에요. 다른 아이들과 달리 독특한 생각을 할 뿐이죠."

세월이 흘러 머스크는 고등학생이 되었다. 컴퓨터를 좋아하고 공부도 잘했지만 늘 상상하기를 즐겼다. 고등학교를 졸업할 때쯤 머스크는 일생일대의 모험을 하기로 마음먹었다.

"저, 독립하겠습니다."

머스크의 말에 어머니가 물었다.

"그래, 어디로 갈 생각이니?"

"미국요. 실리콘밸리에 가서 컴퓨터 프로그래머가 되고 싶어요. 아니면 나사에 가서 로켓을 만들래요. 암튼 전 미국에 가야겠어요."

"좋은 생각이야. 하지만 낯선 미국보다는 캐나다가 낫지 않겠니? 미국 생활도 적응할 겸. 캐나다는 엄마 고향이라 친척들도 많고 말이야."

어머니의 권유로 머스크는 사촌이 운영하는 농장에서 일을 하기 시작했다. 처음 해보는 농장 일에 몸은 힘들었지만 스스로 학비를 번다는 자부심과 성취감이 있었다. 그 후 머스크는 통나무를 베거나 보일러 청소를 하며 돈을 벌었다. 그렇게 번 돈으로 토론토에 있는 퀸즈 대학에 입학할 수 있었다.

몇 년 후에는 원래부터 꿈꾸었던 미국으로 건너가 펜실베이니아 대학에서 장학금을 받으며 경영학과 물리학을 공부했다. 그가 우수한 학생이라는 소문이 퍼지자 여러 대학에서 그를 데려가려고 서로 경쟁했다. 최종적으로 머스크가 선택한 곳은 스탠퍼드 대학원이었다. 하지만 머스크는 이틀 만에 자퇴서를 던지고 학교를 나왔다.

'이제 더 이상의 교육은 의미가 없어. 지금부터는 돈을 벌어야 해. 창업을 하는 거야. 나만의 아이템을 가지고 사업을 성공적으로 이끌 거야. 그다음부터는 내가 진정으로 하고 싶었던 일을 하는 거야.'

머스크는 최소한의 자본을 가지고 페이팔을 창업했다. 그리고 몇 년 뒤 인터넷 경매 회사인 이베이에 매각하면서 단숨에 억만장자가 되었다. 그때 받은 1800억 원을 기반으로 자신이 진정으로 하고 싶었던 사업을 시작했다. 그렇게 시작한 것이 바로 스페이스X와 테슬라 모터스였다. 그리고 화성 이주 프로젝트를 계획하고 발표했다. 그 프로젝트는 현재진행형이지만 하나둘씩 성과를 내고 있다. 모두가 헛된 꿈이라고 말할 때 머스크는 실패를 두려워하지 않고 앞으로 나아갔다. 그는 이렇게 말했다.

"가능성이란 처음부터 있는 게 아니라 만들어나가는 것이다. 정말 중요한 일이라면, 다른 생각을 가지고 있더라도 당신은 그 일을 계속해야 한다. 실패는 하나의 옵션이다. 만약 당신이 실패하지 않았다면 충분히 혁신적이지 않았다는 뜻이다."

친구의 배신으로 몇 차례 부도 위기와 세 번의 이혼을 겪었지만 그는 굴하지 않았다. 머스크는 뛰어난 사업가이지만 동시에 전 세계를 무대로 한 광범위한 자선 활동으로도 유명하다. 자신의 이름을 딴 머스크 재단을 설립해 활동하고 있는데, 주로 과학교육과 소아의 건강 그리고 청정 에너지와 관련한 부분에 많은 투자를 하고 있다. 그 밖에도 엑스 프라이즈 재단, 우주재단 등을 포함해 첨단 과학과 우주에 대한 많은 활동도 겸하고 있다. 지금 머스크는 세계가 주목하는 CEO이자 혁신가 반열에 올라섰다.

무언가에 실패했다는 것은 무언가에 도전했다는 의미다. 누군가에게 꿈과 도전이 주어질 땐 그것을 이룰 힘도 함께 주어진다.

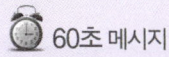 **60초 메시지**

글은 새로운 상상력을 만드는 원동력이다

역사에 이름을 남긴 사람들은 상상 훈련을 습관처럼 했다. 이미 성공한 나를 떠올리면서 그것을 위해 필요한 것과 해야 할 일들을 반복해서 상상했다. 무엇보다 상상하는 것을 글로 남겼다. 상상이 상상으로 끝나지 않기 위해 글로 적어 시각화한 것이다. 그들은 알고 있었다. 표현할 수 없는 추상적인 목표는 실패할 확률이 높지만 글이나 사진처럼 구체적으로 이미지화한 것은 성공할 확률이 높다는 것을. 그 이미지가 선명하면 할수록 성공 확률 또한 배가된다는 것을.

"마음이 계속 흔들린다면 그것에 집중하지 않고 있다는 뜻이다. 현재 있는 곳에서 시작하라. 멀리 떨어진 곳이 더 풍요롭게 보일지 모르지만 기회는 항상 당신이 서 있는 바로 그곳에 있다."
로버트 콜리어(Robert Collier)

......

오늘 세상이 끝날 것처럼 걱정하지 말라.
지구 저쪽 편에서는 이미 내일이 시작되었다.
인생이란 매일 밤 잠자리에 들며
내일은 분명 더 좋은 하루가 시작되길 바라는 것이다.

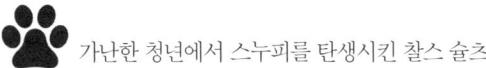 가난한 청년에서 스누피를 탄생시킨 찰스 슐츠

내일은 분명 더 좋은 하루가 될 것이다

한 소년이 있었다. 이발사인 아버지와 무뚝뚝하고 괴팍한 성격의 어머니 밑에서 소년은 항상 주눅이 들어 살았다. 작고 왜소한 체구에 수줍음 많은 소년은 친구들과 어울리지 못하고 늘 혼자였다. 학교 성적이 좋을 리 없었다. 중학교 3학년 때에는 모든 과목에서 낙제했고 간신히 들어간 고등학교에서도 낙제를 면할 수 없었다.

'왜 나는 남들보다 잘하는 게 없을까? 운동이라도 잘하면 친구들과 어울릴 수 있잖아. 난 왜 태어난 것일까? 대체 내가 잘할 수 있는 게 뭐가 있을까?'

소년은 점점 외톨이가 되었다. 혼자서 등하교를 하고 혼자서 밥을 먹고 혼자서 놀았다. 틈틈이 메모지를 꺼내 낙서를 하고 그림을 그리기도 했다. 아무도 알아주지 않았지만 자신이 보기에는 멋진 그림이었다. 무엇보다 그림을 그리는 순간만큼은 행복했다.

'어쩌면 나는 그림에 재능이 있는지도 몰라.'

소년은 용기를 내어 학보에 그림을 응모했다. 하지만 그 그림은 학보에 실리지 못했고, 소년은 그런 상태에서 졸업을 해야만 했다.

"네 성적으론 갈 만한 대학이 없구나. 미안하다."

담임 선생님의 말에 소년은 아무렇지도 않았다. 어차피 집에 돈이 없어 대학 교육은 꿈도 꾸지 못했기 때문이다. 소년은 대학에 진학하는 대신 통신 교육으로 미술을 공부했다. 이것마저 포기한다면 자신의 삶이 정말 비참해질 것만 같았다. 어렵게 미술 교육 과정을 수료한 소년은 용기를 내어 월트 디즈니에 만화가로 일하고 싶다는 편지를 보냈다. 그동안 그린 그림들도 함께.

며칠 뒤 월트 디즈니에서 답신이 왔다. 소년은 두근거리는 마음을 억누르고 조용히 봉투를 열었다. 순간 얼굴이 일그러졌다. 정중한 답신이었지만 거절의 뜻을 담고 있었다. 소년은 크게 낙심했다. 그 길로 소년은 군에 입대해 제2차 세계대전에 참전했다.

어느새 소년은 훌쩍 자라 어엿한 청년이 되었다.

소심하고 내성적인 성격은 전쟁터에서도 마찬가지였다. 총탄이 오가는 전쟁터에서도 청년은 전우들과 어울리는 대신 메모지와 펜으로 만화를 그렸다.

세월이 흘러 청년은 다시 고향으로 돌아왔다. 고향 친구들은 대학을 졸업하고 취직을 하거나 결혼했지만 청년은 또다시 외톨이였다. 이제 그가 기댈 수 있는 거라고는 틈틈이 그려온 만화밖에 없었다. 청년은 신문사와 잡지사를 돌아다니며 자신의 만화를 보여줬다. 하지만 번번이 거절만 당했다. 청년은 크게 낙심했지만 포기하지 않았다.

그러던 어느 날 한 신문사에서 연락이 왔다.

"마침 자리가 비었는데, 만화 연재가 가능하겠소?"

전화를 받은 청년은 떨리는 목소리로 물었다.

"언제부터요?"

상대편이 조급한 목소리로 대답했다.

"내일부터요. 어렵다면 다른 사람을 찾아보겠소."

청년은 다급하게 말했다.

"가능합니다. 지금 당장 제가 그쪽으로 가겠습니다."

급히 신문사로 달려간 청년은 편집자와 마주 앉았다. 청년이 가져온 그림을 유심히 살펴보던 편집자가 말했다.

"좋소. 내일부터 당장 시작합시다. 혹시 정해둔 이름은 있소?"

"아직 제목을 정하지 못했습니다."

"으음, 그럼 피너츠는 어떻소? 별 볼 일 없다는 뜻인데 이 만화 주인공하고 왠지 잘 어울릴 것 같아요."

청년은 자신의 만화가 '별 볼 일 없다'는 제목으로 나가는 게 싫었다. 하지만 거절할 처지가 아니었다. 그렇게 해서 청년의 만화는 〈피너츠 The Peanuts〉라는 이름으로 연재를 시작했다. 1950년 10월 2일의 일이었다. 그땐 몰랐다. 담당 편집자도 찰스 슐츠(Charles Schulz)라는 이름의 청년도 이 연재 만화가 얼마나 큰 역사를 만들어낼지.

연재 초기 〈피너츠〉는 주목을 받지 못했다. 인기도 없었다. 너무 재미없었기 때문이다. 3~5세의 어린이들이 등장했는데, 그중 주인공인 찰리 브라운 캐릭터가 매력적이지 못했다. 찰리는 항상 소심하고 자기 표현도 못하는 어린이여서 보는 사람이 답답할 정도였다. 게다가 내용은 고독과 일상 생활의 불만을 표현하는 게 대부분이었다. 찰리는 곧 찰스 슐츠였다. 찰스의 성격을 그대로 찰리에게 투영한 것이다.

"이제 변화가 필요할 때야. 새로운 캐릭터가 필요해. 뭐가 좋을까?"

슐츠는 문득 예전에 키우던 강아지가 생각났다. 홀로 외롭고 쓸쓸하게 유년 생활을 보낼 때 항상 슐츠의 곁을 지켜주던 친구였다.

"그래, 바로 이거야. 그 녀석을 내 만화의 주인공으로 삼는 거야. 찰리와는 정반대의 캐릭터로 말이야."

다음 날부터 〈피너츠〉에는 세계에서 가장 유명한 강아지 캐릭터인 스누피가 등장하기 시작했다. 비록 동물의 모습을 하고 있지만 행동과 사고방식은 인간과 같다. 어린 아이처럼 과자를 좋아하고 사랑에 빠지기도 하며 작가가 되기를 꿈꾸기도 한다. 찰리와 달리 모험심이 강하고 하고 싶은 걸 다하는 캐릭터였다. 이 정반대되는 둘의 캐릭터가 묘한 파장과 울림을 가져왔다. 여기에 항상 담요를 가지고 다니며 손가락을 빨고 있는 라이너스, 찰리 브라운을 짝사랑하는 패티와 마시, 스누피의 단짝 친구인 우드스톡 등 매력으로 똘똘 뭉친 여러 캐릭터들이 가세해 〈피너츠〉의 인기는 날로 높아졌다.

하루는 담당 편집자가 찰스에게 제안했다.

"주인공이 누군지 모르겠습니다. 스누피의 역할을 좀 줄이는 게 어떻겠습니까?"

찰스는 딱 잘라 말했다.

"모르는 소리 마세요. 스누피가 있어야 찰리 브라운이 삽니다. 주인공이 꼭 한 명이라는 법은 없어요. 이들은 한 몸이나 마찬가지예요."

전 세계적으로 유명세를 타기 시작한 〈피너츠〉는 75개국 2600여 개 신문에서 연재되며 3억500만 명 이상의 독자를 사로잡았다. TV 만화영화로도 만들어져 수많은 캐릭터 상품, 디자인, 음반, 테마 파크 등 엄청난 인기를 누렸다. 찰스 슐츠가 세계적인 갑부 반열에 오른 것은 당연한 결과였다.

〈피너츠〉의 영향력은 산업에만 미친 것이 아니다. 〈타임〉이나 〈라이프〉 등 유수 잡지의 표지를 장식하는가 하면, 1969년에는 아폴로 10호의 사령선과 달 착륙선의 이름으로 '찰리 브라운'과 '스누피'를 사용하기도 했다.

하루는 찰스 슐츠의 가족이 식사를 하기 위해 식당을 찾았다. 실내를 화려하게 장식한 고급 레스토랑이었다. 자리에 앉아 주위를 둘러보던 찰스는 깜짝 놀랐다. 뒷자리에 너무나 유명한 두 사람이 앉아 있었기 때문이다. 흥분한 찰스는 옆에 있는 아내에게 귓속말로 말했다.

"여보, 지금 우리 뒤에 엘리자베스 테일러와 리처드 버튼 부부가 앉아 있소."

그런데 아내가 멍한 눈빛으로 찰스 뒤쪽을 가리켰다. 찰스는 재빨리 뒤를 돌아봤다. 엘리자베스 테일러가 메모지를 들고 서 있었다.

"찰스 슐츠 선생님 맞으시죠? 전 〈피너츠〉의 열렬한 팬입니다. 식사에 방해가 되지 않는다면 여기 사인 좀 부탁드리겠습니다."

찰스 슐츠는 기분 좋게 사인을 했다. 찰리 브라운과 스누피를 함께 그려준 것은 물론이다. 이렇듯 찰스의 인기는 최고조에 달했다. 하지만 찰스 슐츠의 가장 빛나는 업적은 바로 죽기 두 달 전까지 연재를 계속했다는 것이다. 연재 누적 횟수가 1만 8000회가 되고 1984년에 이미 기네스북에 올랐지만 찰스는 쉬지 않았다.

1950년 10월 2일부터 시작한 연재는 2000년 2월 12일에 끝났다. 반세기 동안 오직 한 작품에만 힘쓴 결과였다. 만약 찰스가 암에 걸리지만 않았다면 그 기간은 더 늘어났을 것이다. 암 투병을 할 때 글만 쓰고 그림은 제자에게 맡기라는 편집자의 말에 "아널드 파머가 다른 사람에게 골프를 대신 쳐달라고 하는 걸 봤냐"라며 손수 그렸다.

암 투병으로 더 이상 그림을 그릴 수 없게 된 찰스는 신문에 감사 편지를 썼다.

"사랑하는 친구들에게, 지난 50년 동안 찰리 브라운과 그의 친구들을 그릴 수 있어서 난 행복했어. 내 어린 시절의 꿈을 실현할 수 있었으니까. 근데 오늘부터는 매일 연재해야 하는 스케줄을 유지할 수가 없을 것 같아. 내 가족은 다른 사람에 의해 〈피너츠〉가 연재되는 걸 원치 않아. 나는 항상 열심히 일해주고 도와준 편집자와 내 만화를 사랑해준 팬들과 함께한 시간을 감사하게 생각해. 찰리 브라운, 스누피, 라이너스, 루시. 내가 어떻게 이 아이들을 잊을 수 있을지…"

찰스가 세상을 떠난 뒤에도 〈피너츠〉의 연재는 계속되었다. 그건 자신이 죽고나서도 연재가 계속되길 바라는 마음에서 미리 그려놓은 것이었다. 아울러 스누피의 인기는 아직도 계속되고 있다.

대인 관계가 원만하지 못해 늘 소극적이고 여자와 데이트 한 번 해보지 못한 채 꽃다운 청춘을 보낸 찰스는 한때 자살을 생각하기까지 했다. 자신은 아무짝에도 쓸모없는 인간이라고 생각했기 때문이다.

"내겐 세상을 살아가는 데 필요한 재능이 없어. 하지만 나처럼 메마른 삶이 세상에 있었다는 사실만큼은 꼭 알리고 죽어야겠어."

그날부터 슐츠는 자신의 이야기를 찰리 브라운과 스누피를 통해 하기 시작했다. 찰리 브라운은 내성적이고 무슨 일을 하든 잘 안 풀리는 캐릭터였지만, 사람들은 그 인간적인 모습을 응원하기 시작했다. 찰리를 통해 같은 성격을 가진 사람들은 힘을 냈고, 스누피를 통해 꿈을 가졌다.

어린 시절 찰스 슐츠는 자신이 쓸모없고 하찮다고 생각했지만 결국 많은 사람에게 사랑받는 캐릭터의 창조자이자 아버지가 되었다. 그는 한 인터뷰에서 이렇게 말했다.

"인생은 10단 변속 자전거와 같다. 누구나 자신이 갖고 있는 능력의 대부분을 사용하지 않는다."

또한 찰스는 죽는 순간까지 하루도 빼지 않고 신문 연재를 생각했다. 그래서 누구보다 하루의 소중함과 의미를 잘 알고 있었다.

"오늘 세상이 끝날 것처럼 걱정하지 말라. 지구 저쪽 편에서는 이미 내일이 시작되었다. 인생이란 매일 밤 잠자리에 들며 내일은 분명 더 좋은 하루가 시작되길 바라는 것이다."

오늘이 힘들다고 해서 내일도 힘들란 법은 없다. 오늘 죽을 정도로 힘들었다면 내일은 다시 좋은 아침을 기대하며 살아가자.

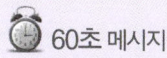 **60초 메시지**

내일은 내일의 새로운 태양이 뜬다

불후의 명작 〈바람과 함께 사라지다〉에서 스칼렛(비비안 리)은 어려운 일을 당할 때마다 입버릇처럼 "내일 생각할 거야. 내일은 또 다른 태양이 뜰 거야"라고 말한다. 전쟁이 일어났을 때도 그랬고 두 번째 남편이 죽었을 때도 그랬다. 타라로 돌아가 레트를 되찾는 방법을 생각하겠다고 결심하는 영화의 마지막에도 스칼렛은 이렇게 말한다.

우리에겐 매일매일 새로운 날이 주어진다. 해가 뜨는 날도 있고 흐린 날도 있고 비가 오는 날도 있다. 날씨는 매번 변하지만 목표와 꿈은 변하지 않아야 한다. 때론 인생에도 일생일업(一生一業)의 정신이 필요하다.

"햇빛은 달콤하고, 비는 상쾌하고, 바람은 시원하며, 눈은 기분을 들뜨게 만든다. 세상에 나쁜 날씨란 없다. 서로 다른 종류의 날씨만 있을 뿐이다."
존 러스킨 (John Ruskin)

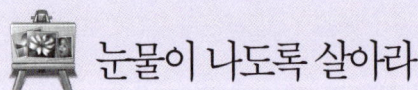 눈물이 나도록 살아라

두 아이의 엄마가 세상을 떠났다. 대장암 4기 진단을 받고 종양을 제거하기 위해 두 번의 수술을 받았다. 25차례의 방사선 치료와 39번의 끔찍한 화학 요법을 견뎌냈지만 죽음은 끝내 그녀를 앗아갔다. 36세의 나이로 세상을 떠난 샬럿 키틀리(Charlotte Kitley)는 죽기 직전 자신의 블로그에 마지막 글을 남겼다. 글을 본 수많은 네티즌이 눈물을 흘렸다. 다음은 그녀의 글 중 일부이다.

살고 싶은 날이 참 많은데 저한테는 허락되지 않네요.
내 아이들 커가는 모습도 보고 싶고, 남편에게 못된 마누라가 되어 함께 늙어보고 싶은데 그럴 시간을 안 주네요.
죽음을 앞두니 그렇더라고요.
매일 아침 아이들에게 일어나라고, 서두르라고,

이 닦으라고 소리 소리 지르는 나날이 행복이었더군요.
얼마 후 나는 그이 곁에서 잠을 깨는 기쁨을 잃을 테고,
그이는 무심코 커피잔 두 개를 꺼냈다가 한 잔만 타도
된다는 사실에 슬퍼하겠지요. 딸아이 머리도 땋아줘야 하는데.
아들 녀석 잃어버린 레고의 어느 조각이 어디에 굴러 들어가
있는지는 저만 아는데, 앞으론 누가 찾아줄까요.
6개월 시한부 판정을 받고 22개월을 살았습니다.
그렇게 1년 보너스를 얻은 덕에 아들 초등학교 입학 첫날
학교에 데려다주는 기쁨을 누리고 떠날 수 있게 됐습니다.
녀석의 첫 번째 흔들거리던 이빨이 빠져
그 기념으로 자전거를 사주러 갔을 때는 정말 행복했어요.
보너스 1년 덕에 30대 중반이 아니라 30대 후반까지 살고 가네요.
복부 비만요? 늘어나는 허리둘레요?
그거 한번 가져봤으면 좋겠습니다.
희어지는 머리카락요?
그거 한번 뽑아봤으면 좋겠습니다.
그만큼 살아남는다는 얘기잖아요.
저는 한번 늙어보고 싶어요.
부디 삶을 즐기면서 사세요.
두 손으로 삶을 꽉 붙드세요.
여러분이 부럽습니다.

오늘은 당신의 남은 **인생**의 **첫 날**이다

1판	**1쇄 발행** 2015년 7월 7일	
1판	**2쇄 발행** 2015년 8월 1일	

지은이 은지성
발행인 허윤형
펴낸곳 황소북스
주소 서울 마포구 동교동 159-6번지 파라다이스텔 506호
전화 02 334 0173 **팩스** 02 334 0174
홈페이지 www.hwangsobooks.co.kr
블로그 http://blog.naver.com/hwangsobooks
커뮤니티 http://cafe.naver.com/hwangsobooks
트위터 @hwangsobooks
등록 2009년 3월 20일(신고번호 제 313-2009-54호)

ISBN 978-89-97092-28-4(13320)

ⓒ 2015 은지성

* 이 책은 황소북스가 저작권자와의 계약에 따라 발행한 것이므로
  본사의 서면 허락 없이는 어떠한 형태나 수단으로도 이 책의 내용을 이용하지 못합니다.
* 잘못된 책은 구입하신 서점에서 바꾸어 드립니다.
* 책값은 뒤표지에 있습니다.

「이 도서의 국립중앙도서관 출판예정도서목록(CIP)은 서지정보유통지원시스템 홈페이지(http://seoji.nl.go.kr)와 국가자료공동목록시스템(http://www.nl.go.kr/kolisnet)에서 이용하실 수 있습니다. (CIP제어번호: CIP2015015819)」

독자 여러분의 꿈과 행복을 응원하는 황소북스의 자기계발서

오늘은 당신의 남은 인생의 첫날이다
은지성 지음 | 232쪽 | 값 13,800원

잠시 잊고 지낸 하루의 소중함을 일깨워주는 책
이 책은 어려운 역경과 고난을 딛고 자신만의 삶을 일군 사람들의 가슴 찡한 인생 이야기이다. 시간을 천금같이 여기고 하루를 목숨처럼 여긴 사람들의 이야기를 통해 바쁜 일상 속에서 잠시 잊고 지낸 오늘의 소중함을 되새겨볼 수 있게 한다.

꿈을 이루기에 너무 늦은 나이란 없다
이형진 지음 | 232쪽 | 값 13,800원

꿈을 잊고 살아가는 3040세대에게 전하는 감동의 메시지
이 책은 나이를 잊고 꿈에 도전한 이들의 감동적인 인생 이야기를 담았다. 이 책의 메시지는 단순하다. 무엇인가 큰일을 성취하려고 한다면 나이를 먹어도 청년이 되어야 한다는 것이다. 왜냐하면 꿈을 이루기에 너무 늦은 나이란 없기 때문이다.

언품(言品)
이기주(전 대통령 스피치 라이터) 지음 | 256쪽 | 값 13,800원

적도 내 편으로 만드는 리더들의 25가지 대화법

말을 의미하는 한자 '언(言)'에는 묘한 뜻이 숨어 있다. 두 번(二) 생각한 뒤에 입(口)을 열어야 비로소 말(言)이 된다는 것이다. 사람에게는 인품이 있듯 말에도 품격이 있다. 그게 바로 이 책의 제목이기도 한 '언품(言品)'의 의미이자 이 책이 말하고자 하는 핵심이다.

적도 내 편으로 만드는 대화법
이기주(전 대통령 스피치 라이터) 지음 | 256쪽 | 값 12,800원

다투지 않고 상대의 마음을 얻는 49가지 대화의 기술

백 명의 친구를 사귀는 것보다 한 명의 적을 만들지 마라. 우리는 부모, 자식, 동료, 상사, 부하, 고객, 친구 등 헤아릴 수 없는 관계들로 둘러쌓여 있다. 이 책은 사람들과 새로운 관계를 맺고, 오랫동안 좋은 관계로 유지할 때 꼭 필요한 대화의 방법과 요령에 대해 알려줄 것이다.

문화부 우수교양 선정도서

새우잠을 자더라도 고래꿈을 꾸어라
김선재 지음 | 224쪽 | 값 13,800원

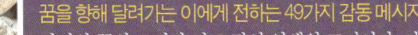

꿈을 향해 달려가는 이에게 전하는 49가지 감동 메시지

당신의 꿈의 크기가 바로 당신 인생의 크기이다. 이 책의 메시지는 단순하다. 꿈을 가지되 되도록 크게 가지라는 것이다. 크고 원대한 꿈은 생각도 행동도 크게 만든다. 꿈이 크면 그만큼 크게 될 수 있는 확률이 높다. 작은 꿈을 가슴에 품지 마라. 고래는 결코 어항 속에서 살 수 없다.

문화부 우수교양 선정도서

내가 꿈을 이루면 나는 누군가의 꿈이 된다
이도준 지음 | 224쪽 | 값 13,800원

꿈을 잊고 살아가는 2030세대에게 전하는 메시지

이 책의 메시지는 단순하다. 꿈을 이루기 위해 앞만 보고 달려가기보다는 누군가의 꿈이 되기 위해 '꿈'을 꾸라는 것이다. 존 고다드, 스티브 잡스, 워런 버핏, 헤르만 헤세, 로맹 롤랑 등 자신의 꿈을 향해 달려가 마침내 꿈을 이룬 사람들의 감동적인 인생 이야기를 담았다.

생각대로 살지 않으면 사는 대로 생각하게 된다 1
은지성 지음 | 232쪽 | 값 13,800원

생각대로 살 것인가, 사는 대로 생각할 것인가?
불우한 환경 속에서도 역경과 고난을 이겨내고 자신만의 삶을 일군 사람들의 가슴 찡한 인생 이야기. 사는 대로 생각한 것이 아니라 자신의 생각대로 꿈과 목표를 향해 달려가 마침내 그 꿈을 이룬 사람들의 이야기를 통해 실의에 찬 현대인에게 삶과 오늘의 진정한 의미를 묻는다.

생각대로 살지 않으면 사는 대로 생각하게 된다 2
은지성 지음 | 232쪽 | 값 13,800원

생각을 바꾸면 행동이 변한다. 행동을 바꾸면 인생이 변한다
전작 《생각대로 살지 않으면 사는 대로 생각하게 된다》에 이은 두 번째 이야기. 어려운 환경과 역경 속에서도 신념과 의지를 잃지 않고 자신이 세운 목표를 향해 달려가 마침내 꿈을 이룬 이들의 감동적인 인생 이야기가 펼쳐진다.

생각대로 살지 않으면 사는 대로 생각하게 된다 3
은지성, 이형진 지음 | 232쪽 | 값 13,800원

한 사람의 생각이 세상을 바꾼다. 남과 다르게 생각하고 다르게 행동하라
전작 《생각대로 살지 않으면 사는 내로 생각하게 된다》에 이은 세 번째 이야기. 상상할 수도 없는 삶의 고통과 좌절 속에서 결코 굴하지 않고 꿈을 이룬 사람들의 이야기. 한 사람의 생각이 어떻게 세상을 바꾸고 변화시키는지 경험하게 해준다.

훔쳐라: 원하는 것을 내 것으로 만드는 법
이도준 지음 | 232쪽 | 값 13,500원

유능한 창조자는 모방하고 위대한 창조자는 훔친다
이 책은 처칠, 샤넬, 유재석, 앤더슨 쿠퍼, 힐러리, 안정환, 서머셋 모옴 등 위대한 인물들의 생활과 일화 등을 통해 꿈을 만드는 방법, 질문력, 정리정돈, 자신감, 유머, 근검절약, 설득력, 창조력, 부지런함, 자기 확신, 배려심 등 무형의 자산을 훔칠 기회를 제공한다.

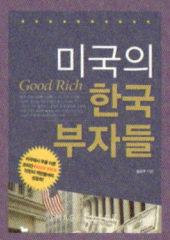

미국의 한국 부자들
송승우 지음 | 264쪽 | 값 13,800원

미국에서 부를 이룬 코리안 GOOD RICH 10인의 백만불짜리 성공학

미국에서 부자가 된 토종 한국인의 성공과 인생 역정을 담은 책. 바이오 회사의 미국 법인장으로 근무하고 있는 저자가 10명의 한국 부자에게 직접 들은 노하우와 부자 되기 비결을 알려준다. 취재와 집필 기간을 비롯해 2년 남짓 걸려 완성한 역작.

직관: 내 안에 숨은 1%를 깨우는 마법의 힘
은지성 지음 | 224쪽 | 값 13,500원

생각대로 살지 않으면 사는 대로 생각하게 된다

"당신의 마음과 직관을 따를 용기를 가져라"는 말을 남긴 스티브 잡스에서부터 아인슈타인, 레이 크록, 에디슨, 리처드 브랜슨, 링컨, 찰리 채플린, 이작 펄만 등 자신의 직관대로 산 위인들의 가슴 찡하고 감동적인 이야기가 실려 있다.

맥도날드 사람들
폴 퍼셀라 지음 | 장세현 옮김 | 320쪽 | 값 15,000원

전 세계 120개국 31000개의 매장을 거느린 맥도날드의 7가지 성공원칙

맥도날드 창업자 레이 크록부터 현 CEO인 짐 스키너까지 8명의 최고경영자들을 비롯한 주요 임원, 매장 운영자 및 원료 공급원자 등 수십 명을 인터뷰한 내용을 바탕으로 맥도날드를 세계 최고의 브랜드로 만든 비밀을 밝히려는 시도를 담은 책.

성공은 쓰레기통 속에 있다
레이 크록 지음 | 장세현 옮김 | 320쪽 | 값 15,000원

맥도날드 창업자 레이 크록의 자서전

자그마한 도시의 일개 레스토랑에 불과하던 맥도날드를 오늘날의 세계적 기업으로 성장시키고, 나아가 프랜차이즈 업계의 혁명을 일으켜 하나의 산업을 창조해낸 레이 크록이 직접 들려주는 놀라운 인생 이야기가 담겨져 있다.